FLAVIO MATEOS

LO ESENCIAL
DE ALFRED
HITCHCOCK

Ediciones
REACCIÓN

LO ESENCIAL DE ALFRED HITCHCOCK

KDP / Ediciones Reacción

Copyright © Flavio Mateos 2022

Argentina.

Con las debidas licencias.

ISBN: 9798831576696

1ra. Edición – Agosto de 2022

vreduco@gmail.com

Diseño y realización de portada:
Sherry Lombell, Flavio Mateos.

Este libro no puede reproducirse, total o parcialmente, por ningún método gráfico, electrónico o mecánico, incluyendo los sistemas de fotocopia, registro magnetofónico o de almacenamiento y alimentación de datos, sin expreso consentimiento del editor. Su infracción está penada por las leyes 11.723 y 25. 446 de la República Argentina.

Ediciones REACCIÓN

"El catolicismo es el antro de la reacción"

(Nicolás Gómez Dávila)

INDICE DE CONTENIDO

PRÓLOGO 9
LA MIRADA DE HITCHCOCK 17
CRÍTICAS 55
    THE FARMER'S WIFE 57
    BLACKMAIL 61
    CORRESPONSAL EXTRANJERO 64
    NOTORIOUS 69
    YO CONFIESO 82
    DIAL M FOR MURDER 88
    LA VENTANA INDISCRETA 93
    EL HOMBRE QUE SABÍA DEMASIADO 103
    EL HOMBRE EQUIVOCADO 106
    VÉRTIGO 119
    PSICOSIS 124
    TOPAZ 151
BIBLIOGRAFÍA 155
ANEXOS 157
    SÍMBOLOS EN HITCHCOCK 157

HITCHCOCK Y LA IRRITACIÓN DE LOS PROGRESISTAS 172
HITCHCOCK Y LA IRRITACIÓN DE LOS PROGRESISTAS II 179
¿FUE ALFRED HITCHCOCK UN PROPAGADOR DE FALSEDADES HISTÓRICAS? 185
MICRO CRÍTICAS 189
   THE RING 189
   LA SOMBRA DE UNA DUDA 190
   LA SOGA 190
   EXTRAÑOS EN UN TREN 192
   THE TROUBLE WITH HARRY 193
   COLAPSO 196
   PSICOSIS 198
LIBROS SOBRE HITCHCOCK 200

*"Admirar lo que no nos divierte es etapa
intermedia entre la etapa primitiva,
donde sólo admirábamos lo que nos divierte, y
la etapa final, donde sólo nos divierte
lo que admiramos".*

Nicolás Gómez Dávila

PRÓLOGO

"Los hombres se dividen en dos bandos –escribió Nicolás Gómez Dávila-: *los que creen en el pecado original y los bobos"*.

Alfred Hitchcock perteneció al primero de ellos.

También afirmó Gómez Dávila que *"La fotografía asesinó a la imaginación"*.

Pero el cine –sí, el cine- la revivió.

¿Cómo lo hizo? Mediante el montaje, la puesta en escena, el fuera de campo y las simetrías, el cine –atención, decimos el cine, y no "fotografías de gente que habla"- afirmó que en la imagen no está toda la evidencia y más allá de la imagen estamos nosotros que construimos el sentido no evidente, no explícito de la historia que se nos cuenta. De manera tal que sin el espectador atento, no hay más sentido que el literal, horizontal, inmediato. Como sabemos, Griffith creó el espectador de cine, Hitchcock se encargó de educarlo. Este último dijo cierta vez: *"El teatro se ha metido tanto en las películas que las películas son juzgadas sobre la base de su contenido y no de su estilo."* Nada más cierto.

El cine es, ciertamente, un "arte de masas", que debido a sus altos costos de realización adquiere compromisos con quienes lo producen, financian y distribuyen. En ese contexto, hay aún maestros que con inteligencia y una gran fuerza de voluntad, han asumido todas las posibilidades artísticas de un medio de expresión que puede negar en sí mismo las pretensiones meramente comerciales o vulgarizantes de la industria; cumpliendo los compromisos de atraer al gran público, sin por ello traicionar las ideas que mediante una forma bella pretende el director transmitir a su espectador. En ese caso, el director es el *autor* de la obra, la cual está destinada, también y principalmente, para el contemplador, para el pensador, no para el mero consumidor, no para el irreflexivo mirón, cuyos ojos distraídos asimilan lo mismo un filme que un programa de entretenimientos televisivo o un informativo. Para llegar a eso el hacedor de cine (valga la expresión borgiana, para definir al orfebre de la cámara cinematográfica) debe valerse en primer lugar del suspenso, que es trabajar con la imaginación, comprometer con lo que posiblemente vendrá, de modo que se pueda intuir por lo que se nos muestra, aquello que no vemos. Entonces la puesta en escena viene en ayuda de la imaginación para darle sustento perdurable en la memoria y la reflexión del despierto espectador, que continúa rumiando las ideas que la ordenada construcción cinematográfica le ha permitido inferir.

Dice también Gómez Dávila: *"Toda metafísica tiene que trabajar con metáforas, y casi todas acaban trabajando sólo sobre metáforas"*. Allí reside brillantemente sintetizada la superioridad del cine de Hitchcock sobre el cine de, por ejemplo, Bergman, o, para generalizar un poco, del cine norteamericano sobre el cine europeo. La metafísica con metáforas es el suspenso de Hitchcock; la "metafísica" sin metáforas es el recitado de discursos o la música clásica y las levitaciones de Tarkovski. Pero atención: el cine nos hace pensar mediante símbolos, no alegorías. Cuestión clave que nos permite distinguir una buena película de una película chapucera y pagada de sí misma.

"El estilo es orden a que el hombre somete el caos", dice el citado maestro colombiano. He allí todo el cine hitchcockiano (y todo buen cine).

Pero para ello debe quedar establecido *a priori* que hay un orden y que hay un caos. Y el comienzo sólo puede ser el orden. Y la aventura su restitución (es decir, la victoria sobre el desorden). Por supuesto, se trata de un orden verdadero, en consonancia con la verdad de las cosas. Es decir, un orden que tiene un Ordenador, que no es sólo el director de la película, sino Dios.

¿De qué me sirve a mí –preguntará tal vez algún lector- conocer o "discriminar" el estilo o la puesta en escena de una película? Me sirve porque de ello –podríamos responder- depende que yo pueda tener una meditación moral verdadera y proporcionada a la experiencia estética que se me ofrece. Con ella se logra transmitir una emoción mediante la cual el espectador puede conocer mejor al hombre y por lo tanto a sí mismo y, si es capaz de tomar distancia de lo contado, reflexionar a partir de esa emoción estética que le es suministrada o suscitada por alguien que ha visto más o mejor o de otro modo que él y considerar las ideas que se le vierten o los temas planteados a través de una película. La experiencia estética, lejos de ser el refugio privado de un náufrago o el coto de caza de un *bon vivant*, es la puerta que abre el alma a un conocimiento fructuoso de la realidad y de lo trascendente. En ese conocimiento diestro se incluyen estas dos realidades: Dios y el hombre.

El cine de Alfred Hitchcock conjuga la emoción de la expresión formal bella e intuitiva con la construcción sabia de una puesta en escena deliberada y consciente que el trabajo del espectador debe reconstruir en sí mismo, a partir de un reconocimiento, cabe lo estético, de una realidad del orden tanto metafísico cuanto psicológico y moral.

Entonces el goce se vuelve doble, en la unidad compleja de un cine que refleja, sin engaños ni desprecios, lo que somos nosotros mismos.

No obstante lo dicho, debemos ser claros, porque nuestro sentido crítico lo demanda: hay poca cosa que un católico puede rescatar en general en el cine, un arte que se desarrolló en las usinas de las grandes productoras fundamentalmente en países que no eran católicos —salvo excepciones no muy brillantes y momentáneas como España o Italia allá lejos y hace tiempo, incluso en Argentina en cierta medida-, donde el liberalismo lo ha invadido todo y Dios es el gran ausente. Pero, en justicia, lo que hay de rescatable, debe rescatarse. La obra de Hitchcock es parte de la cultura clásica y quien quiera tener algún conocimiento de la misma, no puede darse el lujo de ignorarlo, como si no hubiese existido.

¿Qué sería lo destacable de la mirada de Hitchcock, su visión del mundo, en relación con el tiempo en que le ha tocado desarrollar su talento artístico? ¿Por qué nos detenemos a considerar su obra? Porque se trata de algo más que "el maestro del suspenso". El hijo de los jesuitas fue marcado a fuego por su educación católica, aun por la truculencia de algún castigo familiar y el ambiente estricto en que se formara. La distinción entre el bien y el mal estaba bien delimitada, aunque en la realidad las cosas no fueran siempre así de claras. Hitchcock creció en una sociedad donde la religión católica era una "excentricidad" y donde el progreso (es decir el progresismo) venía a enterrar toda inquietud espiritual. El ruso Berdiaev se refiere a la insulsez que caracteriza a este mundo, de la cual está ausente incluso el miedo, que puede llevar a aceptar la condición miserable del hombre frente a lo que lo rodea, y si acaso llevarlo a buscar una respuesta fuera del marco de lo que nos es propuesto como solución, de parte de la ciencia o de la política. Todo se ha trivializado: "La insulsez evidencia una instalación definitiva en la región inferior, donde han dejado de existir no sólo la nostalgia por un mundo supremo y la angustia sagrada ante lo trascendente, sino también el miedo (...) La insulsez disimula lo trágico y la angustia de la vida" ("*La destinación del hombre*"). Frente a esto, Hitchcock ha querido ofrecer al espectador unas sanas y angustiosas sacudidas de su banal autocomplacencia, recordándole sus miedos y su debilidad, eso sí, siempre con buen humor. Decía Kierkegaard: "Lo que el hombre desea es la quietud –para gozar. Lo que Dios desea en vez es que los hombres justamente no tengan quietud: el espíritu es inquietud. Ya: el inconveniente en el Protestantismo es de tener por mira solamente el tranquilizar" (Citado por el P. Castellani, Revista Jauja N° 24). Contra esa quietud protestante –que por supuesto no fue ajena al Hollywood clásico, más allá de los grandes autores que no lo fueron-, Hitchcock logró imponer su estilo católico, nada anestésico sino por el contrario, inquietante.

En una época y una sociedad donde el renacer neopagano prometeico del hombre, particularmente de unos Estados Unidos que surgía como gran potencia mundial, y eso debía ser reflejado en su cultura (contrariamente a lo que difunde una teoría en cuanto que Hollywood sería un polo de poder opuesto al liberalismo wasp, la relativa crítica al sistema establecido sostenida por lúcidos artistas fue paralela a la erección de los "dioses y diosas", de los super héroes y los arquetípicos representantes de la justicia americana, que se diseminó por el mundo entero en la Segunda Guerra mundial, además de una creciente inmoralidad que la imposición de la censura debió refrenar hasta donde pudo), el cine de Hitchcock hace presente la condición caída del hombre, y el desorden que esto apareja, y en algunos casos la intervención divina que resuelve la trama o pone claramente los límites a la humana soberbia. Sin caer en un pesimismo nihilista, el humor de Hitchcock que siempre aparece en su mirada nos recuerda que aunque estemos presenciando una trama macabra (a veces demasiado explícita), el mal no tiene la última palabra.

La maestría de Hitchcock en el dominio de los recursos cinematográficos, le ha venido de su comprensión cabal del lenguaje del mismo y todas sus posibilidades. Según creemos, no ha sido superado por ningún director de cine en su inventiva, ha sido un creador de formas imitado, aunque con variada fortuna.

Valga decir finalmente que el cine hitchcoquiano no es un cine libre de excesos, en un doble sentido: en parte debido al barroquismo jesuita del autor, en parte debido a lo provocativo de la sensualidad a veces liberada, resultado de la influencia liberal hollywoodense, de la que no ha zafado absolutamente ningún director en aquellos lares. Hollywood ha sido una combinación de grandes artesanos venidos desde el centro de Europa, que conocían su oficio y mantuvieron un sentido de la tradición artística, junto a productores judíos financiados por sus paisanos de Wall Street, un público en gran parte wasp, una moral sexual que para evitar su desenfreno debió imponérsele la censura, el surgimiento de las "diosas" y las "estrellas" (que en sus vidas privadas yacían en el drama más negro, lejos de las grandes luces), las ideas de la "libertad" y la "democracia" liberales impuestas a todo el mundo, etc. Hitchcock fue un realizador que se movió entre dos mundos, y por lo tanto, no apto para todo público o para espectadores distraídos. Se requiere un previo discernimiento, incluso para poder comprender mejor cada una de sus películas. A eso apuntan nuestro breve estudio previo y nuestras críticas de sus filmes, algunas de las cuales (ya publicadas en nuestro blog *Videoteca Reduco*) han sido escritas hace mucho tiempo, y por eso, indudablemente, son pasibles de revisión.

F. M.

2011

LA MIRADA DE HITCHCOCK

"Un hombre no puede esperar aventuras en el país de la anarquía. Pero viajando por la tierra de la autoridad, el hombre puede esperar cualquier número de aventuras."

Gilbert K. Chesterton[1]

"Un gran genio puede aparecer bajo cualquier apariencia. Incluso bajo la apariencia de un novelista de éxito".

Gilbert K. Chesterton[2]

"En lo que a cine se refiere, soy un purista".

Alfred Hitchcock[3]

---

[1] En *Ortodoxia,* Ed. Porrúa, México, 1986.
[2] En *Robert Louis Stevenson*, cit. en *Un buen puñado de ideas*, Ed. Renacimiento, España, 2018, pág. 306.
[3] Hitchcock en entrevista con Keith Berwick, en el programa de televisión Speculation del Canal 28, emitido en 1969.

ALFRED HITCHCOCK es el director de cine sobre el cual se han vertido mayor cantidad de palabras, al que se le han dedicado más libros y publicaciones, estudios críticos y biografías (sólo en inglés contamos 18 biografías y por lo menos 90 libros sobre sus películas), sitios de Internet, documentales y programas de televisión, a partir de los cuales su ya conocida y rotunda figura conserva un lugar firme en el imaginario cultural del siglo XX y XXI. Su influencia como artista se ha confesado o señalado –por cierto que casi siempre sin fortuna- en innumerables películas. De hecho, a esta altura pareciera que ya está todo resuelto y decidido al respecto, y cada nueva publicación, obra u homenaje, se comprueba, no hacen sino repetir los lugares comunes de las anteriores, cuando no intentan innovar mediante vueltas de tuerca tan torcidas que son la negación misma de la obra de este director al que han mal interpretado. Pero es precisamente porque advertimos que casi todo aquello se trata de "mucho ruido y pocas nueces", derroche de errores y, pocas veces, aciertos (muchísimos más errores que aciertos) de muchos que han sufrido el vértigo sin llegar a subir a la cumbre donde el Hitchcock esencial los esperaba, es por esto que nos proponemos, en la medida de nuestras posibilidades, desmontar el terreno transitado a la vez que desmontar la obra hitchcockiana en lo que tiene de distinguible y única.

No es nuestro propósito proponer una especie de "canonización" de Hitchcock, claro está, no diremos que Hitchcock fue "un gran director católico", pero sí diremos dos cosas que nos parecen importantes y se relacionan: 1) Alfred Hitchcock puede ser considerado –y nosotros así lo hacemos- el mejor director de cine de la historia, el maestro absoluto que conocía como nadie el lenguaje cinematográfico y ha enseñado a todos los que vinieron a continuación, ha sido además un creador de formas que ha buscado siempre evitar el clisé, el lugar común, la rutina, superándose en cada nueva obra; 2) Hitchcock era católico. Dejamos asentadas estas cosas frente a la denigración de la que ha venido siendo parte, tras su muerte, y las acusaciones ante quien ya no se puede defender. No deja de ser llamativa la insidia de los medios de prensa masivos, y no está de más preguntarnos si no se deberá a que fue un director católico, quien a pesar del éxito de sus películas y de ser cinco veces nominado a los premios Oscar, sin embargo jamás le fue concedida la famosa estatuilla. Para nosotros el desdén crítico o consagratorio del establishment no hace sino adosarle a Hitchcock un plus meritorio, porque eso significa que no hizo la suficiente cantidad de concesiones debidas al *star system*. Pero no entraremos en esos detalles, sino que nos proponemos en nuestro trabajo comprender su obra tan meritoria y personal, y buscamos establecer la verdad que nos ha cautivado a través de la belleza de las formas; discernir esa compleja trama es un deber que nos demanda la obra para que el goce sea proporcionado a la misma. Deber de gratitud y de continuidad en la transmisión de aquello que el artista desea comunicar. Como decía Oscar Wilde, la Crítica es la que, por concentración, hace posible la cultura, y a ello nos disponemos. Se trata de un resumen de nuestras apreciaciones, el cual completamos con la crítica específica de algunas de sus películas más importantes. El resto lo decimos en nuestro libro sobre *Vértigo*.

Una pregunta preliminar nos parece pertinente: ¿Por qué el cine de Hitchcock atrae y apasiona tanto a las masas en busca de simple pasatiempo como a los cultos y eruditos reacios al goce del cine, a los distraídos del arte que sólo quieren divertirse como a los estudiosos serios del arte cinematográfico? El mismo Hitchcock lo explicará en parte, en el sentido de que él sabía bien –mediante su comprensión de la naturaleza humana- cómo mantener interesado (mejor decir: cautivado) al espectador (y lo digo en singular porque su cine apunta a cada uno en singular), y conocía los resortes psicológicos y emotivos del mismo, a la vez que lograba que el espectador se identificase con sus protagonistas. ¿Por qué espectadores tan diferentes se identificaban con el mismo protagonista? Porque el héroe de Hitchcock es el hombre tal cual es, vulnerable, envuelto en circunstancias que amenazan aplastarlo, y a la manera de un teólogo que exhibe al hombre con lo que todos tenemos de común, nacidos bajo el pecado original[4], ignorantes pero capaces de conocer la verdad, en medio de peligros que vamos descubriendo a medida que luchamos con las circunstancias, Hitchcock nos pone ante un espejo fascinante, luego de suspendernos de la vida cotidiana. Eso es lo que hacía a su cine verdaderamente -como ningún otro- universal, y lo que ha hecho que, por tantas connotaciones manifestadas debajo de una simple historia de suspenso, los críticos se interesaran particularmente por su obra. Vamos a intentar llegar un poco más allá para entender por qué el cine de Hitchcock es como es.

Para entender el cine de Alfred Hitchcock hay que tener en cuenta en primer lugar que el cine entraña una gran dificultad por su aparente facilidad, tanto para asimilar lo que es evidente como lo único interpretable, como por la tentación hipercrítica de dotar de sentido a lo que carece de ello, además de que el cine de Hitchcock se resiste a ser reducido por una mirada no avisada o desatenta. Con esto decimos

---

[4] *"¿Qué aprendí con los jesuitas? A tener conciencia del bien y del mal, y que ambos conceptos me acompañan siempre".*

que lo que desde su cine Hitchcock afirma es que, precisamente, no podemos entender mirando simplemente lo que se nos muestra, sino que debemos recuperar el sentido de lo que vemos a través de lo que *no* se nos muestra. Entonces adquiere todo su sentido la *forma* en que se nos muestran las cosas. Debemos desconfiar de las apariencias porque la verdad es ardua y no siempre se aparece ante la sola mirada. Ejemplos más acabados de esto son *Vértigo* y *La ventana indiscreta*. Si no se entiende esto no se entiende su cine, y se cae en la fórmula que justifique la propia comodidad: "maestro del suspenso" u otros admirativos pero trillados y vacuos calificativos para quedarse en mitad del camino.

Una película es ante todo, para su autor, plantearse la forma que tiene que tener esa película, de manera que las ideas del director se correspondan con tal *forma* al punto de que es la forma –que parte de una idea previa- quien determina el contenido. Esto puede parecer platónico, pero en realidad lo que sucede es que el buen director encuentra la historia que lo atrapa simplemente porque ve en ella el mejor vehículo para desarrollar las ideas que forman parte de su visión del mundo. Podemos plantear el asunto diciéndolo con Gómez Dávila, a través de dos de sus escolios: *"El poeta no traduce una visión en palabras. Su visión se elabora en ellas."* *"El poeta descubre lo que quiere decir diciéndolo"*. Chesterton, por su parte, aportaba este exactísimo pensamiento: *"Cualquier artista sabe que la forma no es superficial sino fundamental, esto es, que la forma es el fundamento (...) Cualquier poeta sabe que la forma del soneto no es solo la forma del poema, sino el poema"*[5]. En Hitchcock hay ideas latentes, temas que vuelven una y otra vez, y que

---

[5] G. K. Chesterton, *Un buen puñado de ideas*, Renacimiento, Sevilla, 2018, pág. 355.

encuentran su elaboración plena a través del trabajo previo a la filmación, cuando pone en obra en el papel –descubriéndolo- aquello que quiere decir. Los malos directores proceden a la inversa, buscan sólo el asunto, la historia, el argumento, para cubrirlo luego con una forma desvaída, forzada, inútil. Pero, primero está el árbol y luego viene el fruto, aunque la idea inicial sea obtener tal fruto. Decía Hitchcock (las cursivas son nuestras): "Lo más importante para mí no es el contenido, *no estoy interesado en fotografiar contenido*, estoy interesado en usar películas, usar lo visual y, a partir de eso, crear una emoción en una audiencia"[6]. Sin emoción no hay experiencia estética. Eso es fundamental y Hitchcock como gran artista lo entendía perfectamente. Luego viene lo demás. En el cómo está latente el qué, por lo tanto, dilucidar el porqué de tal forma de ver las cosas de un director como Hitchcock nos hará comprenderlo mejor. Decía Hitchcock sabiamente: *"No basta tener un montón de ideas para hacer una buena película si no se presentan con el suficiente cuidado y con una conciencia total de la forma."* Tener clara la forma es tener claras las ideas.

Ante todo hay una visión del mundo, sobre la que se asienta la seguridad (que no comodidad) del artista: es en este caso la de la doctrina católica, particularmente la de la caída original (representada simbólicamente por Hitchcock en muchas de sus películas, como luego veremos). Por eso, si Hitchcock se complace en hablar de sus métodos de filmación y de la técnica, se incomoda o se esconde a la hora de hablar del fondo de su obra, como todo artista que se precie de tal, por otra parte, debe hacer. Un artista verdadero no explica su obra, o por lo menos no se jacta ni sustituye la

---

[6] Hitchcock en entrevista con Keith Berwick, en el programa de televisión Speculation del Canal 28, emitido en 1969.

labor del espectador. Para eso está el crítico, que debe ser el intermediario entre el artista y el espectador, para ayudar a este último a sacarle el jugo a la obra. Pero, ¿era consciente Hitchcock –preguntará alguien- de todo lo que hacía o de todo lo que podía haber dentro de sus obras? Tal vez no de todas las múltiples connotaciones que se desprenden de sus obras, porque el artista es alguien que da porque recibe y porque se eleva en determinados momentos por encima de la vida cotidiana para obtener las intuiciones que develan un poco del misterio que nos rodea, pero sí es evidente que, como decía Oscar Wilde, *sin facultad crítica no hay creación artística posible*. Nuestro director puede decir que "no le interesa el mensaje", pero éste subyace y se encuentra en la forma total elegida para contar una historia. Conoce la arquitectura secreta que sostiene su edificio. "Toda obra de imaginación bella –decía Oscar Wilde- es perfectamente consciente y deliberada. Ningún poeta canta porque debe cantar. Al menos, ningún gran poeta". Desde luego, no lo seguimos al irlandés cuando justifica cierta arbitrariedad en el crítico, sino lo que, como luego él explica, esta Belleza "le susurra al oído mil cosas diversas que no estaban en el espíritu del que esculpió la estatua, pintó el lienzo o grabó la gema", a lo que agrego que aquello que se encuentra sí estaba en el espíritu del artista, mas no conceptualizado o racionalizado, porque ha sido la intuición de un momento arduo e irrepetible la que le ha dado la luz.

Traigamos a colación unas palabras de Chesterton, respecto de la crítica: "La buena crítica (...) combina el sutil placer de las cosas bien hechas con el placer sencillo de hacerlas. Combina la satisfacción del ingeniero científico al ver funcionar el engranaje con un fin determinado y el placer del bebé al ver girar las ruedas"[7] Procuramos ser abarcadores de esos dos elementos que, coincidimos, no se excluyen y se necesitan uno al otro, como que fueron parte del espíritu creador que nos convoca.

Agregamos, para tener presentes, las siguientes consideraciones:

1) El cine de Hitchcock no es un cine de arquetipos. Más aún, es el único gran director que no los ha tenido en cuenta; por eso es el más universal. Hitchcock no propone los admirables héroes de Ford, los luchadores insobornables de Capra, los profesionales implacables de Hawks o los villanos convencionales de todo el resto, por no mencionar los arquetipos invencibles del "american way of life". El protagonista de Hitchcock es alguien como nosotros, esto es, el hombre nacido con pecado original que lucha por no ser destruido por el desorden que él mismo sin saberlo origina a su alrededor. Es el inocente de la culpa que le adosan, pero no el inocente de toda culpa. Hitchcock le "dice" al espectador, al que *divierte* (lo subrayamos), que él es culpable tanto como el protagonista del film, tras haberle hecho saber –o vivir- a su protagonista la parte de mal que tiene en relación al mal encarnado en su oponente. ¿Por qué esto? Porque al identificarse el espectador con el protagonista y con lo que éste hace, "realiza" ese mismo periplo mentalmente. Pero, a la vez, como el protagonista reconoce su grado de culpa –a veces a los golpes-, el espectador puede –si quiere y es capaz- entender que en el fondo Hitchcock lo está retratando a él, tanto como a sí mismo. Hitchcock se pone a favor de los personajes mostrando en primer lugar sus *defectos* (nueva-

---

[7] "El romance de la rima", en *Correr tras el propio sombrero*.

mente resaltado). Es por caridad que los hace caer de su autoindulgencia. Hitchcock, en definitiva, positiva un negativo (como se ejemplifica al comienzo de *La ventana indiscreta*, en la foto de la revista). Esa misma cara tiene dos imágenes: es el tema del doble que apasionaba a Hitchcock y que emerge en sus films una y otra vez.

2) Hitchcock no usa arquetipos pero usa "estrellas" de cine. Usa "estrellas" para que el espectador se "enganche" con quienes ha visto en otros films como arquetipos. Pero Hitchcock deshace tal ilusión al hacer —en la medida en que la industria se lo permitía- que tales "estrellas" sean humilladas en la pantalla. Papeles de villanos; actores destacados en papeles ambiguos; mujeres que engañan y son humilladas por su vanidad, Hitchcock sabía muy bien lo engañoso del cine y que realizar caracteres ejemplares con los medios y métodos hollywoodenses —o ingleses, lo mismo da- era caer —salvo muy contadas excepciones- en la falsedad, acartonamiento o impostura. Hitchcock era el gran desengañador —para los que desean ser desengañados. Nuevamente, Hitchcock nos dice, en el comportamiento de sus personajes y de actores reconocidos, que todos somos culpables, que el bien y el mal habitan en nosotros, y que debemos aprender a lidiar con eso, afrontando las consecuencias de lo que somos.

3) La forma de filmar de Hitchcock obedece a su catolicismo. Lo que no quiere decir que haya una sola forma de ser católico (Ford lo era y muy distinto), pero sí que su fe condicionaba tal manera de ver el mundo, aunque debiera

realizar films por compromiso o no siempre alcanzara la culminación de su visión del mundo en todas sus obras, claro está. Los críticos suelen pasar esto por alto, como también en general se despreocupan de discernir en la forma de un film las ideas que hay detrás. Por si hiciera falta, el mismo Hitchcock declaró: *"Mi actitud ante la vida responde, como es natural, a mi formación y a mi fe. No hago cine concreta y deliberadamente católico, pero me parece que nadie dudará de que mis películas están hechas por un católico"*[8]. Con esto quería decir que el suyo no es un cine confesional o militantemente católico (téngase en cuenta además que filmaba en países cuya sociedad era mayoritariamente protestante y cuyos productores cinematográficos eran mayoritariamente judíos); pero sí es un cine que, deliberado y consciente hasta en sus detalles, su estilo deriva de su catolicidad, porque su formación jesuita y familiar lo ha dejado marcado para siempre. No entender esto es quedarse en mitad de camino. Esto se referencia bien en el punto siguiente.

4) Hitchcock es el poeta del Orden, pero de un orden vivo que no tolera el caos que el hombre porta encima en su condición de criatura caída. Todos sus films son la pugna entre el orden y el caos o entre la luz y la oscuridad (*La ventana indiscreta* y *Psicosis* son los más claros ejemplos)[9]. Orden que se exige restituir –aunque sea parcialmente-, de allí los finales de sus películas (el más ejemplar, sin dudas: *Vér-*

---

[8] En 1958, ante el periodista español Carlos Fernández Cuenca, visita al Festival de San Sebastián.
[9] En una entrevista dada a Peter Bogdanovich, dijo una vez Hitchcock que los jesuitas le enseñaron "organización, control y, hasta cierto punto, análisis".

tigo). Orden cuya representación más acabada es un edificio: la iglesia, la cual aparece en gran cantidad de sus films en diferentes situaciones (tema que abordamos en detalle más adelante en nuestro trabajo). De allí que se trata de un orden donde fuera de campo está la Providencia y no el azar, el destino o la fatalidad, como sí lo están en el orden que postulan otros directores talentosos del Hollywood clásico neo-pagano. Tenemos un eximio ejemplo en el final de *Vértigo* (supongo que el lector ya vio esa película, sino ahórrese el spoiler y salte las líneas que siguen), donde la intervención sorpresiva y resolutiva para un ateo puede ser de parte del azar o la "mala suerte", pero queda claro, por el hecho de la mentalidad católica de Hitchcock, y porque nos ha llevado hasta una iglesia donde aparece una monja, que se trata de la Providencia. El Caos, por otra parte, es suscitado por la negligente ignorancia y despreocupación o vida desordenada y lujuriosa del protagonista del film (Cary Grant en *Con la muerte en los talones*; Janet Leigh en *Psicosis*; Tippi Hedren en *Los pájaros* y *Marnie*; los protagonistas todos de *The trouble with Harry*; James Stewart en *La ventana indiscreta*; el mismo actor en *Vértigo*, etc.). También tenemos un falso orden que debe ser revisado y el caos que ingresa a él como agente catalizador para ese fin (*La sombra de una duda, Under Capricorn, Extraños en un tren*). El resto del cine norteamericano, claro está, decisionista también, mediante sus finales felices propone restituir un orden, pero, ¿de qué clase? Un orden cerrado en su felicidad, a veces falso y tranquilizador, un orden que no contempla el ser del hombre como criatura de pecado y, mucho menos, la intervención de Dios en la diégesis de la película. Desde luego, bien visto están los problemas que acechan al hombre en el engaño con que el mundo lo acecha, en muchos filmes hollywoodenses; pero nadie como Hitchcock mostró a las claras la responsabilidad del protagonista que, hábilmente, es colocado siempre ante el espectador, en primera instancia, como *inocente* frente a la circunstancia concreta. Lógicamente, esto hecho así para que el espectador pueda seguir las peripecias del personaje desde el mismo lugar "inocente", porque el hombre tiende a ver la culpa en el otro y no en sí mismo. Entonces la culpabilidad que se le adosa a ese "inocente" dispone a examinar mejor su vida, que no está absolutamente libre de culpa. El reconocimiento por parte del espectador –si viene- vendrá luego. Es lo que algunos críticos han reconocido y llamado "transferencia de culpabilidad" a través del tema del doble, pero sin ir más allá en su interpretación porque, evidentemente, deberían afirmar el carácter católico de tal mirada[10]. Uno de esos casos es el inglés Robin Wood, que, cuando Hitchcock se pone más exteriormente católico (*I confess*, *The wrong man*) se disgusta y lo desestima. Desde luego, Hitchcock no hablaba públicamente de religión con los "extraños" por una especie de pudor ante lo que se sabía en falta (y así confiesa su negligencia al respecto a Truffaut en su libro).

5) Para ampliar el punto anterior nos ayudaremos de Baudelaire: "La mayor parte de los errores referentes a lo bello nacen de la falsa concepción del siglo XVIII relativa a la moral. En ese tiempo, la naturaleza fue tomada como base, fuente y tipo de todo bien y de todo lo bello posible. La negación del pecado original tuvo una parte no pequeña en

---

[10] Sobre la relación de la noción de "desorden" con lo que es el pecado pueden leerse las interesantes afirmaciones de Josef Pieper en "El concepto de pecado", que ratifican la idea que desarrolla Hitchcock en su cine.

la obcecación general de esta época. Sin embargo, si aceptamos remitirnos simplemente al hecho viable, a la experiencia de todos los tiempos y a la gaceta de los tribunales, veremos que la naturaleza no enseña nada o casi nada...Es la infalible naturaleza la que ha creado el parricidio y la antropofagia y otras muchas abominaciones que el pudor y la delicadeza nos impiden nombrar. Es la filosofía (hablo de la buena), es la religión la que nos ordena nutrir a los padres pobres y enfermos. La naturaleza (que no es otra cosa que la voz de nuestro interés) nos ordena matarlos...El delito, de cuyo deleite se ha teñido el animal humano en el vientre de su madre, es originariamente natural...La virtud, por el contrario, es *artificial*, sobrenatural..."[11]

Baudelaire expresa muy bien la oposición entre el naturalismo y el sobrenaturalismo, las dos posiciones en combate desde el origen de los tiempos. Sin tener esto en claro sería incomprensible una película al parecer desconcertante como *The trouble with Harry*, donde Hitchcock, precisamente, muestra este contraste, al comenzar su film con la imagen del orden y el equilibrio, mostrando una pequeña iglesia en medio de un hermoso paisaje otoñal acompañados de una hermosa melodía, hasta que la naturaleza humana (caída) altera ese orden. Las referencias a otras distorsiones ocasionadas por el hombre se verán reflejadas en los pájaros de la película homónima; en la cacería del zorro y el caballo que debe matar *Marnie*; en el perrito muerto de *La ventana indiscreta*; en el caballo que matan en *Under capricorn*. Hitchcock niega las ilusiones positivistas del siglo XIX y niega el progreso que podría ser traído consigo por el hombre. Para él el hombre es siempre el mismo, aunque no por eso está perdido. Para decirlo con Chesterton: "El hombre

---
[11] Elogio del truco, en *El pintor de la vida moderna*.

es superior a todo lo que lo rodea, pero está a su merced"[12].

6) Hitchcock no cae, obviamente, en la exaltación dionisíaca del hombre, pero tampoco lo anula y lo reduce a la animalidad. Los hombres no son lo primero –de allí que en sus films se los muestre en su condición de criaturas caídas; no son lo segundo porque seguir sus instintos solamente los llevarán a la ruina (pensemos, v. gr., en el personaje de Sean Connery en *Marnie*, que no puede ayudar a su mujer siguiendo a sus instintos, llegando a forzarla en la cama durante la luna de miel y provocando casi su suicidio, y en que recién la solución aparece inesperadamente cuando Marnie suplica desesperada e inesperadamente la ayuda de Dios). Hay algo por sobre todo, ya lo hemos visto: el Orden. El mismo Hitchcock, en su vida personal, y luego de años de haber abandonado la práctica religiosa, retornó al final de sus días a la Santa Misa (con esta particularidad: que seguía respondiendo a las rúbricas en latín, y no en idioma vernáculo en la nueva misa a la que asistía en su misma casa, postrado por la enfermedad, es decir, mantenía la idea de orden a pesar de que los innovadores insanos del Concilio habían vulgarizado –en todo sentido- lo que ya no era propiamente un Sacrificio).

7) Dijimos que Hitchcock no recurre a los arquetipos, pero hay dos ejemplos en su cine en que se acerca a ellos: el protagonista de *I confess*, y el protagonista de *Murder!* Uno es un sacerdote, el otro un artista. Como decía Baudelaire: "Los únicos grandes hombres son el poeta, el sacerdote y el

---

[12] Cit. en *Un buen puñado de ideas*, pág. 409.

soldado".

8) Hitchcock no escribió teoría del cine, sino que la hizo en sus películas. Su discurso acerca del lenguaje cinematográfico hay que encontrarlo en sus obras. El misterio o intriga policiales, como bien lo había entendido antes Chesterton[13], eran los "anzuelos" o recursos para conducir al lector a pensar sobre su propia condición en la vida y su modo de conocer a través de la mirada. La formulación de un lenguaje simbólico era la manera de lograrlo.

9) "A partir del Renacimiento –escribió E. M. Cioran- la ciencia se ha empeñado en persuadirnos de que vivimos en una naturaleza indiferente, ni hostil ni favorable. Ello ha traído como consecuencia una disminución de nuestras reservas de miedo. Considerable peligro, pues este miedo era uno de los datos y una de las condiciones de nuestra existencia y de nuestro equilibrio."[14] Para Hitchcock el miedo no sólo debe mostrarse, debe suministrársenos –a la manera de una catarsis- para que entendamos en nosotros mismos –en la seguridad de nuestras butacas o asientos- que esta vida es una lucha y no un paseo. Hacer sufrir al espectador es la profunda lógica de sus films, como él afirmó, y, coincidiendo con Cioran, señaló: "Mi propósito es ofrecer al público unas buenas y sanas sacudidas mentales. La civilización se ha vuelto tan protectora y acogedora que no podemos experimentar las suficientes emociones de primera mano. Por lo

---

[13] "Un solo revólver cargado prueba la existencia del pecado original", escribió Castellani en referencia a Chesterton.
[14] Vicisitudes del miedo, en "*La tentación de existir*", Ed. Taurus.

tanto, para evitar volvernos indolentes y blandengues tenemos que experimentarlas artificialmente, y la pantalla es el mejor medio para ello"[15] Desde luego, este es un miedo por delegación, pero que concierne al espectador por ser justamente éste criatura caída. Con el pecado entró el miedo en Adán y Eva y en todos nosotros. No hay condición social o ciencia alguna que pueda modificar esto, y toda la civilización moderna es un engaño al respecto, como lo es gran parte del cine. Esta conciencia de la condición propia del hombre –y la aceptación de tal verdad- es la que le dio tan enorme ventaja a Hitchcock. Pero Hitchcock recurrió al suspenso, no al terror, para conmovernos. Por eso decía él que un film puede hablar del horror, pero no ser horroroso. Y ahora, "nuestro siglo –dice Cioran-, más lúcido, acabó por alarmarse: ¿cómo, se preguntaba, acudir en su socorro (del miedo), volver a darle su antiguo estatuto, reintegrarle en sus derechos? La ciencia misma se encargó de ello: se convirtió en amenaza y fuente de espanto. Y esta cantidad de miedo, indispensable para nuestra prosperidad, la tenemos bien segura". El miedo –y más aún, debido al terror- se hizo presente en la vida cotidiana, de manera tal que los films ya no pueden cumplir con aquella función –una de las tantas, que le asignaba Hitchcock, cual era la de hacerle saber -y sentir- al espectador que *la seguridad y autocomplacencia en que vive son un engaño*. La sanidad mental era hasta entonces mantenida por el arte, auxiliar valioso de la religión.[16]

---

[15] Cierre los ojos y visualice, en "*Hitchcock por Hitchcock*" edición de Sydney Gottlieb, Plot Ed., 2000.
[16] "Teniendo en cuenta ante todo la impresión que la obra de arte produce, Aristóteles se aplica a analizar esta impresión, a investigar su fuente, a mostrar su génesis. Como fisiólogo y psicólogo, sabe que la salud de una función reside en la energía. Tener capacidad para una pasión y no realizarla, es limitarse y mutilarse. El

Ahora se ha perdido todo ello y el arte corre detrás de la realidad, buscando provocar en el espectador estremecimientos que lo anulen, no que lo hagan reflexionar sobre su propia condición.

10) Hitchcock fue el mayor representante de la superación del romanticismo, probablemente porque era parte constitutiva de su personalidad, de su arraigada y estricta formación católica, antes que de una consciente meta o postulación como artista. Con una vocación notoria por el arte como creación individual, con un temperamento "puramente visual", es decir contemplativo, con un afán controladamente detallista[17], debió asumirse en la aceptación de condiciones indispensables y/o limitantes que la industria del cine le otorgaba y permitía.[18] Y esa autonomía que buscaba en cuanto artista sabía bien no podía manifestarse en

---

espectáculo mímico de la vida que la tragedia nos ofrece limpia el pecho de muchas "peligrosas reconditeces" y, presentando objetos altos y dignos del ejercicio de las emociones, purifica y espiritualiza al hombre; y no sólo lo espiritualiza, sino que hasta lo inicia en nobles sentimientos de los que quizás, en otro caso, nada habría conocido", Oscar Wilde, El crítico como artista II, "*Intenciones*", Emecé, 1945.

[17] Hitchcock fue al cine lo que Piazzolla fue al tango, ambos tomaron lo recibido para volverlo absolutamente personal, plateándose cada nueva obra como un exigente desafío formal. Ambos fueron desdeñados por la crítica establecida, como no podía ser de otro modo.

[18] La pugna entre tradición y anti-tradición encontró en Hollywood resquicios para que, en la vasta producción de los Estudios, tuvieran lugar determinadas manifestaciones –no demasiado explícitas en cuanto a la intención, sí en lo formal- de lo primero.

tanto ilusoria independencia de los estudios de Hollywood. Cuando pensó como productor e hizo por las suyas *Under Capricorn*, fracasó estrepitosamente. Esa tensión generada entre lo "artístico" y lo "comercial", entre lo "artesanal" y lo "industrial", fue vencida no mediante la "tecnificación de la diferencia" (en acertadas palabras de Ángel Faretta), es decir, la afectación de una figura "rebelde" o "crítica" (caso Orson Welles o John Huston), pero tampoco mediante el anonimato impersonal de cualquier otro director de segunda línea, sino por la vía contraria a estas dos. Así Hitchcock se exhibió a sí mismo, deviniendo en un "showman", alguien a quien se consideraba simplemente "el mago del suspenso" y poco más. Hitchcock aparecía siempre en sus películas con el objeto de engañarlos a todos. Era la marca de su interioridad que pugnaba por mantenerse intacta e incólume. Quiso ser un enigma no ocultándose, sino mostrándose.[19] Fue, digámoslo de paso, lo contrario de lo que en su tiempo hizo Durero en sus pinturas, actitud aquella moderna y "rebelde". Desde luego, Hitchcock evitó convertirse en un "director maldito" o neo-romántico, aunque no pudo evitar sus deslices hacia lo erótico en algunas ocasiones. Como ya hemos mencionado, Hitchcock se alejó muchos años de la vida religiosa sacramental y él mismo admitió su negligencia al

---

Pero esto no fue una deliberada política por parte de los productores judíos que se asimilaron al liberalismo norteamericano como si ellos fueran sus autores. Con esto decimos que no compartimos leyendas negras ni leyendas blancas sobre Hollywood, simplemente se trató de una lucha propia de los EEUU desde sus comienzos. Hubo buen sentido, talento y nobleza a la par de unos principios del todo equivocados. De este tema complejo hablamos más in extenso en nuestro libro "El mirar del cine".
[19] "Seré lo que Churchill dijo de Hitler. Un misterio dentro de otro misterio", A.H.

respecto. Por eso hizo *Vértigo*, porque sabía lo que era ser potencialmente como Scottie, aunque sin llegar a esos extremos de la sin razón. Comprensión de un alma meditativa, de lo que es la compleja naturaleza humana.[20]

---

[20] "El arte de Hitchcock está lleno de paradojas. Los pájaros, por ejemplo, revela una moralidad rigurosa combinada con humor negro; pero el tema general de la autocomplacencia que recorre toda su obra es aquí tan evidente que se le suele entender mal. Hitchcock requiere una situación de normalidad, por muy insulsa que pueda parecer a primera vista, para dar énfasis a la anormalidad maligna que se oculta bajo la superficie. Hitchcock entiende (aunque no lo hagan sus detractores) la función crucial que desempeña el contrapunto en el cine. No se puede cometer un asesinato en una casa embrujada o en una calleja oscura y hacer después una afirmación con sentido para el público. Los espectadores, sencillamente, se apartan de esos decorados fantásticos y dejan que el ambiente dicte la acción. No somos nosotros quienes están en la pantalla, sino unos actores que intentan ser siniestros. Por el contrario, cuando el asesinato se comete en el cuarto de baño de un hotel, higiénico y reluciente, mientras se toma una ducha, la incursión del mal en nuestra existencia sin mácula se hace intolerable. Podemos reírnos nerviosamente o gruñir con disgusto, pero ya no volveremos a ser tan autocomplacientes. Hitchcock y sus repetidas invasiones de la vida cotidiana con los recuerdos melodramáticos más atroces, han conmovido los cimientos de ese humanismo fácil que insiste en que los hombres son buenos y sólo los sistemas malos, como si los mismos sistemas no fuesen producto de la experiencia humana (...) Hitchcock insiste casi con intolerancia en un juicio moral de sus personajes y de su público. Podemos violar los mandamientos corriendo un riesgo psíquico, pero tendremos que pagar al fin el precio de la culpa. Puede que Hitchcock sea tortuoso, pero nunca es falso". (Andrew Sarris, *Entrevistas con directores de cine I*, Ed. Magisterio español S.A. 1969).

11) Es fundamental tener claro que el punto de vista desde el cual el director cuenta su película no siempre ha de coincidir con el punto de vista de sus héroes en la pantalla. La confusión en este asunto será un grave error para la intelección correcta de la película. Porque aunque el director, en este caso Hitchcock, haga que el espectador comparta el punto de vista del/la protagonista desde un comienzo, cuando Hitchcock lo crea conveniente le dará al espectador una información adicional que el protagonista no conoce, desengañando al espectador –o mostrándole que si él creía saberlo todo en realidad también se engañaba. Si casos como los de *Vértigo* o *Psicosis* son extremados, la variante se repite a lo largo de casi toda su obra. Por otro lado, el principio de simetría es usado frecuentemente para, mediante una escena, corregir otra anterior y variar el punto de vista y la situación existencial del personaje. El director corrige mediante las peripecias que obliga a soportar a sus personajes. Lucidez que depende, antes que del talento del director, de su firmeza y su filosofía de vida, pues cuando ésta es débil la obra se resiente. Ponga el lector el ejemplo que quiera.

El punto de vista incluye la mirada del director, la mirada del personaje y/o la mirada nuestra. El desafío que se nos plantea es múltiple: qué miramos, cómo lo miramos, desde qué lugar miramos, qué vemos en lo que miramos, qué sabemos en lo que miramos y cómo lo relacionamos con la información que ya tenemos y con lo que intuimos que puede pasar, cómo influye lo que no vemos en lo que miramos, etcétera. Todo esto se resuelve siempre y cuando comprendamos las relaciones que entran en juego en el momento de mirar y si, a partir de la información que la pantalla nos da no nos quedamos sólo con ella. El cine, como dice Ángel Faretta, es el arte de saber mirar (a lo que yo le agregaría lo siguiente: *sabe mirar el que antes sabe pensar*)[21]. Por lo tanto, es fácil caer en dos errores: ver lo que se quiere ver y no es; o quedarse en mitad de camino y no entender lo que se ve. Cuando uno parte de que nada es o debe ser casual en el arte, entonces cada plano de un film que se ve debe tener un sentido, una explicación satisfactoria que se inscriba en la misma película y no fuera de ella. Pero, para completar esto, decimos: si el cine es el arte de saber mirar, hay un arte mayor y más necesario, que es el de saber también cuándo dejar de mirar. Porque, como dice el Evangelio: "Si, pues, tu ojo derecho te hace tropezar, arráncatelo y arrójalo lejos de ti: más te vale que se pierda uno de tus miembros y no que sea echado todo tu cuerpo en la gehenna" (Mat. V, 29)

12) Hitchcock podría haber suscripto en gran medida aquella "Filosofía de la composición" de Edgar Allan Poe, que cumplió con resistir los embates de la pura "intuición" o "espontaneidad" románticas, aunque en ello se le fuera la vida. "Mi objetivo es demostrar -escribió Poe acerca de "El cuervo"- que ningún punto de la composición puede ser atribuido a la casualidad o a la intuición, y que la obra ha procedido, paso a paso, hacia la propia solución, con la precisión y la lógica rigurosa de un problema matemático".

---

[21] Le debemos algunos muy valiosos y estimulantes descubrimientos a Ángel Faretta en nuestros primeros contactos con el cine. Sin embargo, discordamos de su teoría, y en diversos escritos, entre otros en nuestro libro *El mirar del cine* y en nuestro blog *Videoteca Reduco* explicamos por qué gran parte de los postulados de este teórico son erróneos (por no decir ficcionales), como así también lo son sus conclusiones "filosóficas".

Hitchcock habló incontables veces de sus métodos de trabajo al detalle, siendo el director que mayor control tenía sobre el proceso creativo, teniendo la película completa en la cabeza antes de comenzar el rodaje. Pero era consciente también de otra cosa, que él mismo dijo: "Supongo que habría que señalar de paso que el estilo, sea cual sea el arte en el que se expresa, no puede ser deliberadamente impuesto a ninguna obra. Ha de ser el resultado de la maduración y la paciente experimentación con las herramientas del oficio; el estilo surgirá con el tiempo de manera casi inconsciente" [22]

Con respecto a Poe, Hitchcock lo mencionaba como un romántico –en sentido negativo, claro está–, de alguna forma con razón debido a la influencia propia de su época, cosa que también pudo influir en el propio Hitchcock, esto es, el lugar y el momento en que debió hacer su obra. Pero también encuentra Hitchcock lo que los une: "Sin ánimo de parecer poco modesto, no puedo evitar comparar lo que yo intento poner en mis películas con lo que Poe pone en sus cuentos: una historia absolutamente increíble relatada a los lectores con una lógica tan alucinante que se tiene la impresión de que esa misma historia podría ocurrirte a ti mañana mismo. Y esa es la regla del juego si se quiere que el lector o el espectador se pongan subconscientemente en el lugar del

---

[22] Que jueguen ellos a ser Dios, en *"Hitchcock por Hitchcock, I"*. Esto quiere decir que el cine no es una obra científica, sino que, sin llegar a comprender del todo el alcance, el valor y la envergadura de su obra, con una especie de ingenuidad, asombro y seriedad –la misma con que juegan los niños– el artista como Hitchcock va construyendo su obra paso a paso y detalle a detalle conociendo cómo debe ser el todo a que se dirige sin saber cómo ha de resultar, y seguramente nunca del todo conforme con lo que tuvo en su cabeza. Ese es el suspense del director.

protagonista, porque en realidad la gente sólo está interesada en sí misma o en las historias que podrían afectarla" [23]

Dijo el francés Godard –pésimo director, pero que dijo alguna cosa interesante- que Alfred Hitchcock "es el único poeta maldito que tuvo un éxito comercial inmenso"; cierto, si por maldito entendemos contrario a los postulados que una determinada sociedad o establishment propugna. Pero, también, ese éxito comercial fue al costo de no ser reconocido como artista ni por la crítica ni por el "sistema" (recordemos que Hollywood nunca le concedió el Oscar al mejor director, a pesar de verse obligado a nominarlo en cinco ocasiones). Cierto reconocimiento parcial y confuso se ha dado más recientemente. En definitiva, como todo gran artista, siempre hay un precio que pagar al mundo por el genio o el talento. Quién sabe no sea peor que pasar hambre o estrecheces, el nunca llegar a ser bien comprendido, porque el genio –a diferencia del santo, como decía Castellani- espera el aprecio o reconocimiento en este mundo. Tal vez nunca sepamos cuán frustrado pudo estar Hitchcock por esto.

13) Otro punto fundamental que define al cine de Hitchcock es el de la identificación. ¿Se debe a su catolicismo? Hitchcock ha comprendido como ninguno que el arte se dirige a nosotros en tanto que individuos, lo que se explica en cierto modo por estas palabras que escribió alguna vez Ángel Battistessa: "En los hombres, como en los árboles, el manifiesto despliegue floral y el accesible sabor de los frutos son individualmente distintos. No ocurre así en las honduras esenciales. En la oscuridad de las raíces todo

---

[23] Por qué me asusta la oscuridad, "*Hitchcock por Hitchcock, I*", 10.

se vuelve identidad nutricia, desnuda humanidad, coincidencia. Observaba Barrés que únicamente somos solidarios con nuestro prójimo cuando meditamos en plenitud de soledad. Por eso, aunque parezca paradoja, sólo los egotistas consiguen iluminar nuestras singularidades profundas: San Agustín, Montaigne, Pascal, el mala pieza de Rousseau, Chautebriand, Stendhal, Kierkegaard y Unamuno dan claro indicio de ello"[24] Dejando de lado la heterodoxia de los ejemplos, podemos extender el tipo con Oscar Wilde, que lo decía de esta manera: "Si quieres entender a los demás, tendrás que empezar por intensificar tu propio individualismo."[25] Dicho de otro modo, hay que conocerse a sí mismo, para conocer a los otros. Allí donde somos deficientes, se extiende la imaginación, en base a lo que ya sabemos.

La singularidad de Hitchcock opera de dos maneras: con respecto a él mismo, implicado en mayor o menor medida en sus obras –hasta incluir su propia aparición física en la misma-; y con respecto a nosotros y a nuestra propia singularidad, que, en lo que tiene de común con el resto de los hombres, sólo puede ser pensada a partir de sí misma, y esto a través de la identificación con el protagonista hitchcoquiano (de allí la inmediata individualización por parte de Hitchcock de sus protagonistas al comienzo de sus films, a través de un plano muy cercano). Con su paradojal simpleza, Julio Camba afirmaba en sus tiempos la transferencia del peligro en la identificación entre el público de los toros y el

---

[24] Vida y literatura, en "*El Poeta en su poema*".
[25] *El Crítico como Artista II*, Ob. cit. También dice allí Oscar Wilde: "La técnica, en realidad, no es otra cosa que la personalidad. Ésta es la razón de que el artista no pueda enseñarla, ni el discípulo aprenderla, y de que, en cambio, el crítico estético pueda comprenderla".

torero: "Indudablemente, la multitud va a los toros en busca de emociones; pero para emocionarse, no tiene necesidad alguna de que peligre su vida, y le basta con ver en peligro la vida de los demás. ¿Egoísmo? ¿Ferocidad? Todo lo contrario. Caridad y altruismo. Si la vida del prójimo no le interesara al aficionado tanto como la propia, ¿de dónde iba a pagar el aficionado ocho pesetas para ver si el toro lograba o no quitársela? ¿Es que el riesgo del torero lograría producirle emoción alguna?"[26] Más allá de ese tipo de emoción rústica y primitiva, complaciente con la temeridad, el cine – y Hitchcock- proporcionan una más alta clase de emoción, en la medida en que el espectador es capaz de reflexionar sobre la misma. Es decir, en la medida en que, a la vez que se identifica y se involucra vicariamente con el héroe, también se desapega para involucrar su propia experiencia de vida con aquella que le es concedida de prestado. Para ese desapego Hitchcock usa el humor o, también, un oportuno cambio del punto de vista, mediante el cual llegamos a conocer lo que él –el director- conoce.

A este respecto se puede coincidir plenamente con el estudioso Okakuro Kakuzo: "Los maestros son inmortales porque sus amores y sus miedos reviven una y otra vez en nosotros. Es el alma antes que la mano, el hombre antes que la técnica, lo que nos atrae. Cuanto más humano es el llamado, más honda es nuestra respuesta. Es a raíz de este secreto entendimiento entre el maestro y nosotros que en la poesía y en la novela sufrimos y gozamos con el héroe y la heroína. Chikamatsu, el Shakespeare japonés, ha dejado sentado como uno de los principios de la composición dramática la importancia de hacer del auditorio el confidente del autor. Varios de sus alumnos le presentaron obras para

---

[26] Sobre el público de los toros, en *"Sobre casi nada"*.

su aprobación, pero sólo una de ellas le llamó la atención. Era una obra algo parecida a la "Comedia de los Errores", en la que dos hermanos mellizos sufren por un error de identidad. "Esto –dijo Chikamatsu-, tiene el espíritu propio del drama, porque toma en consideración al auditorio. Se le permite al público saber más que a los actores. Este sabe dónde reside el error y se apiada de las pobres figuras que en el tablado corren inocentemente hacia su destino" [27]

Recordamos lo que afirmó Hitchcock: "Hay que dibujar la película como Shakespeare construía sus obras, para el público".

14) Los grandes artistas han comprendido siempre lo que el hombre era y cuál era su situación en el mundo. Por eso han cultivado a la par el drama y la comedia, la luz y la sombra, lo evidente y lo oculto. Tres grandes ingleses, Shakespeare, en el teatro; Chesterton, en la literatura, y Hitchcock, en el cine, influido cada uno por su antecesor, tuvieron el sentido evidente del humor del hombre que sabe ver. Como decía Castellani (otro que tenía el humor de todo hombre magnánimo, como decía Aristóteles): "El humor medular es

---

[27] O. Kakuzo, "*El libro del té*". Otro aspecto del arte –y del buen cine- explicado en este libro: "En el jiu jitsu uno busca por medio de la no-resistencia, el vacío, que el enemigo descargue y agote sus fuerzas mientras se conserva la propia fuerza para obtener la victoria en la lucha final. En arte, la importancia del mismo principio es ilustrado por el valor de la sugestión. *Dejando algo sin decir se le da al que contempla una oportunidad para completar la idea y de ese modo una gran obra de arte absorbe la atención hasta que uno entra a formar parte de ella. Hay ahí un vacío para que uno lo penetre y lo complete hasta la medida total de la propia emoción estética*" (las cursivas son nuestras).

una forma natural de expresión de la religiosidad. Aunque parezca mentira, la parábola y la paradoja son más religiosas en cierto modo que el silogismo y el sermón"[28]. Le ha pasado al propio padre Castellani, a Chesterton, a Hitchcock y a muchos más: no ser tomado en serio; precisamente Chesterton, Castellani y Hitchcock se hicieron los locos para poder decir lo que tenían que decir.[29] Decía Castellani –en defensa de Chesterton, a quien acusaban de jugar con una cosa tan seria como la teología: "Porque jugar no es necesariamente engañar. El hombre cuando juega finge, pero el niño al jugar hace una cosa importante y seria. Chesterton es un niño terrible. Se puede jugar con fantasmas y jugar con cosas. Dios jugó con cosas cuando hizo el mundo y juega todos los días haciéndolas, "ludens in orbe terrarum". Y al hombre le es dado jugar con las ideas, fantasmas de las cosas, el cual juego es llamado vulgarmente poesía, de una palabra griega que significa crear"[30]

"Chesterton es un niño terrible", como lo era Hitchcock, por eso solía incluir niños en sus películas, era él mismo disfrazado de niño que desubicaba la terrible seriedad y falta de sentido común de los adultos, haciendo aparecer ante ellos la terrible inexorabilidad de las cosas que están más allá de nuestro control. "No me gusta la seriedad –dijo Chesterton–

---

[28] El humor español, en "*Nueva crítica literaria*".
[29] "La prudencia aconseja que se hable en parábolas, que se hable indirectamente, que se hable humorísticamente. ¿Para qué está el escritor? Para divertir a la gente. Pues a divertirla, si no, no hay pan. Vamos a divertirla describiendo obscuramente su propio destino: se reirán a carcajadas del tonto de la parábola; se indignarán del malvado de la parábola, sin darse cuenta de que son ellos mismos", Castellani, "*Las parábolas de Cristo*".
[30] Gilbert K. Chesterton, en "*Crítica literaria*".

. Creo que es irreligiosa. O, si lo prefiere, es la moda de todas las religiones falsas "[31]

Hitchcock decía: "Después de la realidad, pongo el acento en la comedia. Curiosamente, la comedia aumenta el dramatismo de una película. Una obra de teatro nos ofrece entreactos para reflexionar sobre cada acto. En una película estos entreactos los proporcionan los contrastes, y si la película es dramática o trágica el contraste más evidente es la comedia"[32] La misma cualidad se hacía presente –de muy otra manera- en John Ford, definido acertadamente por Orson Welles como "Un poeta. Un comediante". Y tanto a Ford como a Hitchcock, debido a esta confesada y evidente característica de sus miradas, les han hecho creer los críticos –en alguna medida- que películas significativamente religiosas (confesionalmente católicas) pero de un registro ajeno al habitual humor, eran films defectuosos o menores. En primer lugar, digamos que tanto François Truffaut como Robin Wood –en el caso de Hitchcock-, como Peter Bogdanovich –en el caso de Ford-, desestimaron estos films (*I confess*, *The wrong man*, *El delator*) sencillamente porque eran muy claramente católicos, lo cual incomodaba a estos defensores de la moral laica e intrascendente (es decir, a conveniencia).[33]

---

[31] Illustrated London News, 17 de enero de 1914.
[32] ¡Cierre los ojos y visualice!, Julio 1936, en "*Hitchcock por Hitchcock*".
[33] También debemos mencionar el espantoso documental de Richard Schickel titulado "The Men Who Made The Movies: Alfred Hitchcock" (1973). Allí se borra todo rastro del catolicismo de Hitchcock, ignorando completamente sus films más claros al respecto y, más aún, sin siquiera mencionar obras fundamentales como *Vértigo* y *La ventana indiscreta*. Es un documental hecho en contra, aunque quiere parecer lo contrario, deseoso de hacer de

En segundo lugar, es de advertir que en tales films –como también en *Vértigo*, entre otros más- el humor no aparece no sólo porque no era permitido por la historia, sino también porque había algo que estaba por encima a la vez que lo incluía: la alegría. Alegría de lo misterioso que sobrepuja sus finales elevándolos. Se trata de una alegría interior que un no creyente no conocerá. A veces el humor se ve sepultado por una cruz, que dota al personaje y al film todo de una aparente seriedad excesiva. Sin embargo, de esta transfiguración dada por una mirada afincada en un dogma inquebrantable –y en la medida de tal adhesión- la seriedad dejará paso a una salida verdadera y no engañosa, por lo tanto, si no humorosa, sí alegre. Sólo es serio el que está desesperado –aunque se ría. Y si todos llevamos esa lucha donde esperanza y desesperación pueden aparecer en franca disputa, el artista da lugar a tal batalla en su obra, no afincándose en uno u otro lado, pero sí manteniendo las coordenadas en su rumbo, porque sus obras estaban animadas por algo más grande y que estaba por encima de ellos mismos.

15) "Siempre he experimentado, como si fuera la víctima, las emociones de una persona a la que detienen y llevan a la comisaría en un coche celular, y que contempla a través de los barrotes a las gentes que entran en un teatro, que salen de un café, que hacen su vida cotidiana con placer. En ese momento, el chofer y su colega, en la parte anterior del coche, gastan alguna broma y para mí es terrible." (A. H.) Esa

---

Hitchcock un monstruo cínico y nihilista. El odio de Schickel parece propio de aquellos que se abrazan a la religión que odia al Catolicismo. De hecho Schickel hizo luego un documental sobre Spielberg. "Inútil rezar", dice el tal Schickel. ¿Habrá visto acaso *The wrong man*?

declaración de Hitchcock, que bien podría provenir desde un remoto pasado donde debió sufrir aquello –sin dudas la famosa anécdota de cuando su padre lo envió de niño con una nota a la comisaría es demasiado sorprendente para ser apócrifa–, lo sitúa en un lugar donde el carácter propio del artista –en cuanto a su capacidad de "metamorfosis"–, y su cualidad propia de un cristiano –ponerse en el lugar del que sufre–, se amalgamaron para dar una unidad coherente y fértil a su obra; fértil de capacidades de descubrimiento e identificación y de posterior y necesaria complementariedad entre el artista y el espectador. Contra la "victimización" chaplinesca que busca acaparar la lástima del mundo sobre sí (cuyo negocio reside hoy para muchos oportunistas en situarse en el compartimento denominado "víctima del antisemitismo", del "racismo", del "terrorismo de Estado" o cualquier otra cosa con la prensa detrás, para obtener sus réditos respectivos), Hitchcock se coloca –y nos coloca– en el lugar de la víctima, del hombre que es encarcelado o perseguido por un delito que no cometió. Pero, como Hitchcock es serio y no come vidrio, no hace de sus personajes fetiches inmaculados que buscan la dádiva, sino pecadores que se descubren a sí mismos a través de esa peripecia que, en alguna forma, ellos mismos provocaron. Porque para el católico sólo uno es inocente y puro, y Ése es el que más sufrió. Y con Él su Madre. Los demás tenemos de alguna forma nuestro merecido.

16) Deben tenerse en cuenta toda una serie de factores que actúan siempre de condicionantes a la realización de una película, cuestiones más allá de la obra pero que influyen en la realización de la misma y que todo director debe tener en cuenta. Así lo explicaba John Ford: "Dirigir es un

arte. Si las películas de un director no producen dinero, no puede esperar que vaya a mantener la confianza y la buena voluntad de quienes facilitaron los recursos (...) El secreto está en hacer películas que agraden al público y que revelen, al mismo tiempo, la personalidad del director". En esa misma entrevista de Jean Mitry[34], preguntado Ford de si hacía siempre lo que quería, respondió: "Lo que quiero, sí; pero lo que me gustaría hacer, desde luego que no".

Cosas parecidas dirá Hitchcock, por lo que esta es una habilidad más del director, situado en medio de intereses varios en un constante equilibrio entre la rigurosa puesta en escena de su libertad y audacia artística a la vez que centrado administrador que conoce sus deberes y responsabilidades. Pero, hay que decir que en muchos directores las limitaciones actuaron a su favor. Como dice V. F. Perkins: "La libertad creadora no garantiza un buen resultado, ni la producción industrial lo excluye. Lo que nos importa en el cine es un producto, no un sistema de producción. Podemos valorar un film sin saber cómo ha sido realizado"[35]. Pero también, desde luego, podemos apreciar la habilidad de un gran director para, aceptando las reglas del juego, llevar las cosas a su modo y al lugar que él quiere.

También es innegable que ese tal cine se hacía en una determinada sociedad, a la que a su vez le moldeaba el imaginario. En el caso de un director católico, tenía que obrar con toda la prudencia de un jesuita para no caer de lleno en las miasmas del liberalismo, puede verse esto en el pretendido cine católico de Hollywood, si bien correcto técnicamente,

---

[34] Cahiers du cinema N 45, Marzo de 1955, en *"Entrevistas con directores de cine I"*, Andrew Sarris.
[35] *El lenguaje del cine*, V. F. Perkins.

en el abordaje religioso realmente abominable. Un cine como el de Mel Gibson, v. gr. sólo es posible hoy y en otras circunstancias muy distintas, fuera de la reducida y perfecta ecumene de los grandes estudios. A cada tiempo una determinada forma para una misma e invariable verdad.

17) Los intelectuales en general no han sabido entender a Hitchcock por la sola razón de que no han sabido de qué se trataba el cine. El mismo realizador inglés constataba este hecho: "Al principio de la historia del cine, este arte era extraordinariamente menospreciado por los intelectuales; también en Francia, pero ciertamente menos que en Inglaterra. Ningún inglés bien educado se habría dejado ver entrando en una sala de cine. Esto no se hacía. Usted sabe que en Inglaterra hay una gran conciencia de clase y de casta. Cuando la Paramount abrió el teatro Piazza en Londres, algunas personas de la buena sociedad empezaron a ir al cine; para ellas se dispusieron algunas butacas en los palcos cuyo precio era tan elevado que se les llamaba la fila de los millonarios. Antes de 1925 las películas inglesas eran muy mediocres, destinadas al consumo local y puestas en escena por burgueses. En 1925-1926, algunos estudiantes, sobre todo en Cambridge, empezaron a interesarse por el cine a través de las películas rusas o películas continentales como El sombrero de paja de Italia, de René Clair. En esa época nació la London Film Society, que organizaba sesiones el domingo por la tarde para los intelectuales. Su entusiasmo no llegaba hasta el extremo de convertirse en profesionales del cine, pero eran aficionados a las películas y sobre todo a las

películas extranjeras"[36]. Hasta donde sabemos, los intelectuales de hoy siguen equivocándose. Esa es la razón por la que caen en dos actitudes simétricamente erradas: por un lado se cae en el esnobismo que desdeña un buen film de suspenso para exaltar sin ton ni son filmes de una mediocridad supina como los de Bergman, Tarkovsky, Malick y demás directores "trascendentales". Por el otro lado, se exalta hasta el delirio el cine hollywoodense (clase "A" o clase "B") para trazar a partir de ahí una teoría "única y singular" que se remontaría a una "tradición hermética o unánime" con inquietantes vinculaciones a herejes y esoteristas, en una nebulosa que lo explicaría todo o casi.

Ojalá no nos hayamos deslizado, nosotros también, hacia alguna actitud de intelectual de carrera, para encontrar en lo que analizamos, el fruto de alguna vanidosa elucubración. Por lo pronto, no deseamos ubicarnos –ni lo haremos- en cualquiera de esas corrientes de pensamiento que nos parecen cada vez más alejadas de la realidad, por lo menos en el terreno estético.

18) A nuestro entender, hay diferentes etapas en la filmografía de Hitchcock que deben tenerse en cuenta a la hora de acometer su visión. Distinguimos lo que es esbozo, lo que plena realización y dominio técnico o lo que es cúspide y obra maestra, como también lo que es valle y descenso. Estas etapas comprenden:

    1.   1926-1939: Período inglés. Ya es Hitchcock y tiene dominio de los principios de la forma, pero aún

---

[36] *El cine según Hitchcock*, por F. Truffaut, 5.

no ha llegado a la madurez artística (desde luego, no se llega a ello antes de los cuarenta, y aún cincuenta años de edad). Obras más destacadas: *Blackmail, The farmer's wife, Inocencia y juventud, Los 39 escalones, La dama desaparece.*

2. 1940-1949: Período de transición con altibajos, debido a su adaptación al mundo hollywoodense. Compromisos, disputas con productores, intentos de independizarse y ramalazos de su genio. Sus puntos más altos: *La sombra de una duda, La soga, Corresponsal extranjero, Extraños en un tren.*

3. 1950-1964: Una vez hallado su lugar y sus mejores colaboradores, Hitchcock llega a la cumbre de su arte. Es la época de las obras maestras (*Vértigo, La ventana indiscreta, Psicosis*) las películas más lanzadas (*Los pájaros, Marnie*), sus films más claramente confesionales (*I confess, El hombre equivocado*) y aquellos en que se corrige a sí mismo, superándose (*El hombre que sabía demasiado, North by Northwest*).

4. 1966-1976: La decadencia: Cuatro últimos films de un hombre anciano y enfermo en una época que desciende vertiginosamente y donde el cine pierde a sus grandes maestros y hacedores para dejar paso a una cáfila de usurpadores que no hacen cine sino "fotografías de gente que habla". El público se encuentra narcotizado por la televisión y todo aquello que trajeron consigo los años '60. Su obra ya estaba hecha.

19) A manera de orientación para el público, puede indicarse lo siguiente:

Filmes para todo público: *La sombra de una duda, Yo confieso, El hombre equivocado, El hombre que sabía demasiado, La dama desaparece, Los pájaros, Corresponsal extranjero, El tercer tiro, Rebeca, The farmer's wife, Los 39 escalones.*

Sólo para adultos: *Blackmail, The lodger, La soga, La ventana indiscreta, Vértigo, Psicosis,* Marnie, *Notorious, The Paradine case,* Extraños en un tren, Frenesí.

Lejos de querer abarcar todo el cine de Hitchcock, este trabajo presenta algunas pocas constantes que se encuentran en la construcción de su vasta obra: imágenes o situaciones que se repiten y que, como símbolos que son, nos sirven de puente para llevarnos a la consideración de la visión de este autor, cuya obra nos sigue demandando, muchos años después de realizada, y como corresponde al verdadero arte, una atención y una respuesta de nuestra parte, porque cuando el cine no revela, entonces nos rebela, y cuando no dialoga con nosotros, entonces nos silencia. El símbolo cumple con el primer cometido –el diálogo–; la alegoría, o la aceptación plena y sin discriminar de lo mostrado, con lo segundo –el silencio–.

"Y es que ese hacernos recordar forma parte de la esencia de la obra de arte, la cual revela una relación que se halla oculta, pero que retorna siempre."

Ernst Jünger, *"El libro del reloj de arena".*

CRÍTICAS

THE FARMER'S WIFE
(1928)

La mecedora de Minta

Estamos ante una sorprendente, excelente y conmovedora comedia muda donde se observa una eficaz y cuidada puesta en escena y un ritmo de montaje ajustado que hacen que este film no haya envejecido en absoluto, pese a los casi cien años de su realización. Pero es que Hitchcock ya sabía lo que hacía.

La historia es sencilla: luego de enviudar y quedarse solo cuando su hija se casa, un granjero, ayudado por su servicial criada, emprende la búsqueda de una esposa. Selecciona cuatro candidatas entre las mujeres de la zona, una peor que la otra: una rechoncha viuda "independiente"; un adefesio con ataques de histeria que prefiere seguir siendo una solterona; una obesa infantil y bamboleante; y la vulgar dueña de una taberna. El granjero es un hombre noble, apuesto y bien considerado, y sin embargo es rechazado puntualmente por cada una de las cuatro, las cuales para peor le hacen hacer el ridículo y perder su propio respeto. Finalmente, y luego de todas esas peripecias, el granjero acaba por descubrir que la única mujer que vale como mujer y esposa es su criada Minta, quien le profesaba un secreto y dócil afecto.

La historia en sí no parece muy hitchcoquiana, pero ya veremos que se las trae. Está basada en una exitosa obra teatral de Eden Phillpotts, aunque Hitchcock le agregó escenas verdaderamente humorísticas, que no pierden su efecto (sobre todo si uno ve el film sin la inadecuada música que los editores de video le han adicionado, más propia de un drama oscuro que de una encantadora comedia como ésta. Así sin música la pudimos apreciar mejor en el cine, a Dios gracias). Las escenas en cuestión son aquellas donde participan los sirvientes (papel destacado para Gordon Harker), que al fin y al cabo reciben el mismo tratamiento íntimo que sus patrones. Casi todos los personajes son estrafalarios; la fiesta que se nos muestra es verdaderamente "la fiesta inolvidable", y Hitchcock se complace en deshacer las apariencias que los personajes quieren dar de sí, falsedad que nuestro director gustaba de derrumbar, como también por cierto en la vida real con sus famosas bromas pesadas. Queda fuera de este cuadro de situación Minta, la criada del farmer Sweetland, y el mismo granjero, que sólo hace "comedia" involuntariamente cuando se pone a cortejar torpemente a las mujeres.

Y a propósito de ellas: "¿De qué están hechas las mujeres hoy en día?", pregunta Minta al final cuando su patrón regresa desconsolado, luego del último y cruel rechazo. Pregunta que podríamos hacernos con más razón hoy. Exclamación que formulada por aquella mujer resulta una condena inapelable al resto de las mujeres que no han estado a la altura de las circunstancias, indignas de ser esposas y, por lo mismo que comporta esto su egoísmo, indignas de llamarse mujer. Recordamos a San Agustín: *"Las esposas humildes siguen al cordero más fácilmente que las vírgenes soberbias"* [37]

---

[37] "La Santa Virginidad", 51, 52.

Minta es la única mujer con autoridad para decir aquello, pregunta que probablemente haya pasado entonces también por la mente y el corazón atribulados de Sweetland. Claro que Minta dice esto con dolor y tristeza, con verdadera compasión, esa que nace del amor. Y aquí, en el descubrimiento del granjero de que esa que ha tenido siempre cerca es quien debe ser su esposa, en la precisa puesta en escena que nos lo descubre, con la mecedora como símbolo de ese lugar único de posesión y con las sobreimpresiones que grafican el pensamiento del granjero, en ese momento se entiende la serena visión del joven Hitchcock, de quien su criada por ese entonces, Miss Mary Condon, en su casa de campo dio una versión muy diferente de la que aportaban las estrellas del cine: "*Una no desearía conocer a un caballero más educado y más buen católico también. Cada domingo iba a misa al Seminario de San Juan en Wonersh, cerca de Guildford*"[38]. Una especie de *farmer*, el joven Hitchcock, que pronto tendría su *wife*.

Pasemos al tema de las miradas. La mirada del granjero se ha equivocado una y otra vez. Sweetland ha estado mirando e imaginando cosas, y en el terreno tan resbaladizo y fantasioso del amor. Ha debido pasar por todo ello y al fin desengañarse para darse cuenta que lo que buscaba no lo había visto, estaba ciego. También hay que decir la forma en que esta mujer, Minta, nos es mostrada, se nos da delicadamente a través de los detalles y sin necesidad de destacar lo que por nosotros mismos podemos ir construyendo a lo largo del film. Penetración psicológica y comportamiento de esta mujer que ya sabe lo que es ser una esposa aún antes de llegar a serlo. De carácter fiel y firme, servicial y bondadosa,

---

[38] Cit. por D. Spoto en su famosa y débil biografía de A. H.

hacendosa y sencilla, también bella, administradora de la casa y dócil a su señor, es verdaderamente digna de ser llamada "the farmer's wife".

Y si en aquel entonces ésta era mostrada como una excepción ante el muestrario femenino que se le presentaba al hombre, que por su propia boca se preguntaba "¿de qué están hechas las mujeres hoy en día?", no pensemos lo que hoy recibiríamos por respuesta, tristemente la realidad nos lo dice sin necesidad de intermediarios, en tiempos de feministas rabiosas y abortistas descerebradas. Como muy bien nos dice al final la película: "Y si alguien conoce a una mujer con un corazón más bondadoso, una franqueza más firme y un carácter más noble, quisiera conocerla".

BLACKMAIL
(1929)

Alicia en el país de los cuchillos

"*Una novela en la que no ocurra ninguna muerte* – escribió Chesterton- *la encuentro una cosa carente de vida*". ¿Paradoja? Hitchcock comprendía como su compatriota que "*un relato en el que se hable de un hombre que mate a otro tiene más interés que otro en que los personajes sólo se dediquen a hablar de trivialidades, sin la presencia inminente y silenciosa de la muerte, que es uno de los fuertes lazos espirituales de la Humanidad*"[39]. Esta comprensión se daba precisamente porque el hombre se juega el alma en cada aventura, y por eso los conceptos de culpa o pecado cobran vida, se manifiestan concretamente en los films del maestro.

El argumento de este film es por demás simple, no así su ejecución mediante imágenes de una densidad que el cine de hoy en día no tiene. Luego de mostrar cómo dos detectives llevan a cabo una detención, más el posterior procedimiento habitual en la comisaría, el joven detective protagonista del film sale con su novia, que sin que aquel lo sepa, lo engaña con otro. Se produce entre ellos una pelea, la chica lo rechaza y se va con un pintor, que la lleva a su casa, y al

---

[39] La ficción como alimento, "Ensayos", Ed. Porrúa, 1985

final intenta violarla. La chica lo mata y el novio es el encargado de la investigación del crimen. El policía descubre una pista que incrimina a su novia, y opta por no delatarla. Aparece entonces un chantajista que complica más las cosas. Finalmente éste muere durante una persecución y, antes de que la chica pueda confesar su culpa, es dejada en libertad. Final que Hitchcock no quería, pero, a los productores les parecía deprimente que el policía tuviera que hacer todo el procedimiento del principio involucrando a su novia culpable. Hitchcock pensaba por adelantado, y vemos desde entonces las limitaciones que un director debía arrostrar.

En su propia y particular forma de mostrar las cosas (mostrar como él las ve), Hitchcock en su lenguaje mismo desarrolla los caminos posibles del bien y del mal, su acoso, su acecho y su cotidianeidad.

¿Quién es el malo acá? ¿Ese arlequín siniestro que parece reírse de todos los personajes a medida que caen? ¿Se ríe Hitchcock de ellos? No. Si su mirada no es nunca solemne ni puritana, tampoco es condescendiente, sino harto severa. Si Hitchcock nos hace temer por la suerte de sus personajes, y si amplifica sus dramas para que se nos "adhieran" a nosotros, es porque él se sabe capaz del mal, y nosotros como criaturas caídas, reconocemos nuestra parte oscura en aquello. Hitchcock toma en serio a sus personajes, aunque éstos sean banales, porque toma en serio al mal que nos acecha en lo cotidiano. Y como Hitchcock se toma en serio el bien y el mal, se toma en serio la forma de aprehender esta realidad, penetrando en ella mediante el artificio.

Una pintura, un vestido, un cuchillo de mesa, un guante, todo puede volverse siniestro, hasta los objetos pueden perder su "inocencia" en manos de quien ha pecado. Hitchcock trabaja magistralmente –ya entonces- con los efectos visuales y sonoros. Para el maestro es tan importante el punto de vista del policía como el del criminal que está a punto de ser capturado; porque nosotros podemos ser cualquiera de los dos. Claro que todo acto contrario al bien trae sus consecuencias negativas para quien pasa esa barrera: todo empieza con la chica caprichosa, Alice, que engaña a su novio el policía. Si hubiese aceptado ir al cine como aquel le propuso, nada hubiese ocurrido, se habrían aburrido —o tal vez no- y no tendríamos nuestra película. ¿La culpa la tendrá el cine? ¿O no haberse contentado con ello? Eso es lo que les pasa por no ver mis películas, podría argumentar, sin equivocarse, el maestro.

CORRESPONSAL EXTRANJERO
(1940)

Molinos y paraguas

Se trata de un gozoso film de aventuras, género considerado menor en USA –Hitchcock dixit- y por eso encuadrado en la categoría clase "B", aunque para Hitchcock eso no cuenta en absoluto y, como buen narrador inglés, y como buen cineasta americano, y como gran artista, pone su alma –hasta donde lo dejen- en sus obras. Pero, atención, porque la aventura es física y metafísica, es todo un descubrimiento a partir de sí mismo confrontado con el mundo. ¿Acaso debemos sorprendernos de que nadie haya visto el por momentos itinerario quijotesco del protagonista, más un episodio de antología con un nuevo avatar malvado de Sancho Panza –sin la panza?

Johnny Jones es un atorrante que hace las veces de periodista y que, debido a sus formas no convencionales de trabajar y a su oportuna ignorancia, es antepuesto a un periodista académico y sabihondo –que se jacta de haber escrito un libro de economía- para ir a cubrir los conflictos en una Europa en tiempos previos a la Segunda Guerra. Allí J. J. se entera de un complot para secuestrar a un líder político holandés, se enamora de la hija del jefe del "Partido por la Paz", y descubre, entre tantas cosas, que el padre de su novia es el jefe de los espías enemigos, partidarios a toda costa de la guerra. Sumarísimo resumen de lo que terminó siendo lo que en principio era la autobiografía de un corresponsal extranjero en Europa, y de lo que quería el productor independiente de los estudios Walter Wanger.

Este último, que produjo grandes clásicos como "La diligencia" (Ford), "Sólo se vive una vez" (Lang), "El amargo té del General Yen" (Capra) y más tarde "Invasion of body snatchers" (Siegel), era un culto y millonario liberal (en el sentido norteamericano) educado en Europa, que había trabajado para los servicios secretos USA, y que, interesado en la política internacional, quería empujar a Hitchcock a poner el film al día en cuanto a los acontecimientos que se sucedían en Europa y, sin aprobación unánime, movilizar a favor de la intervención norteamericana, aún por entonces lejana. Hitchcock, si bien apuntó para otro lado, es evidente que se dejó llevar –con toda licitud- por los acontecimientos: viajó a Londres a visitar a su madre cuando eran inminentes los bombardeos sobre la ciudad. Por eso al volver cambió el final de la película, agregándole una arenga alertando a los EEUU, de hecho, el film termina con los bombardeos a Londres, que comenzarían al poco tiempo en la ciudad natal del director. Queda un poco a las claras lo que muchos afirmaron: el papel del cine en la movilización general y en la intervención norteamericana en la Segunda Guerra mundial. Cruce de múltiples intereses, pero también, patriotismo y agradecimiento: Hitchcock defendía al país que le había dado de comer (y tratándose de alguien que por entonces pesaba 165 kilos, no era poca cosa).

Decíamos que este film fue encuadrado en la categoría "B" y por tal las grandes estrellas (caso Gary Cooper) rechazaron participar de él. Pero a pesar de esto contó, no sólo con el mejor director de cine por entonces, sino con una producción extraordinaria, con la insuperable dirección artística (o diseño de producción) de William Cameron Menzies, y la dirección de fotografía del polaco-húngaro Rudolph Maté, quien había trabajado con Dreyer en "La Pasión de Juana de Arco" y "Vampyr". ¿Y todo esto en función de qué? Como soporte de las aventuras de un tipo que vive en la dulce ignorancia y de pronto se encuentra cara a cara con que las cosas no son lo que parecen. Seguimos con sus ojos y su punto de vista limitado lo que se va presentando, y junto con él, sólo con él, descubrimos la verdad. Un aventurero que se encuentra en un molino de viento con la aventura y que descubre cosas que nadie ve, y las dice y nadie le cree y lo toman por loco por decir que las cosas no son lo que parecen. ¿Les suena conocido?

Más tarde seguirán los malvados –una vez que saben que aquel sabe- engañándolo como a un chiquillo (atención: el malvado no es un alemán sino un inglés). En medio de todo esto tenemos un romance que Hitchcock liquida en dos minutos, sin música de violines, en una escena sobre un barco que, dicen, remite al momento en que él mismo, en medio de una borrasca en el mar, declaró su amor a su futura esposa. Hasta ahí mismo el humor se hacía presente, para soportar una realidad que siempre trata de engañarnos.

Aparece por allí también, ya situada la acción en Londres, un detective que se le adhiere a nuestro héroe como una especie de Sancho Panza con secretas ínfulas criminales: le hace creer que lo protegerá, e intenta una y otra vez, infructuosamente, asesinarlo. Es decir, acabar con la aventura. Es un viejo chiquitín y charlatán llamado Rowley, que engaña a nuestro ingenuo quijote (el cual, llamado Jones, ha debido cambiar su nombre por el estrafalario Huntley Haverstock). Así es como lo lleva a una iglesia católica, una catedral con una altísima torre desde donde se observa toda la ciudad. Escena memorable. Hitchcock, como siempre que puede, desliza a sus personajes por alguna iglesia. Al entrar a la misma nuestros dos personajes, se está rezando una Misa de Réquiem. Rowley le dice que ello lo deprime, "los muertos están bien allí donde están", así que lo hace subir al otro a la torre. Allí, Rowley juguetea con unos niños para deshacerse de ellos, y busca la oportunidad para hacer caer a Jones. Pero aquí interviene la divina Providencia y termina cayendo él. ¿Dios aquí? Bueno, la llegada del ascensor a la torre hizo que nuestro héroe se diera vuelta justo para advertir que Rowley arremetía contra él, y entonces poder esquivarlo. La Providencia se disfraza a veces de "casualidad", pero no olvidemos que antes de ingresar vimos dos monjas a la entrada de la iglesia, las mismas que volvemos a ver tras (en clara simetría) la caída del malvado y torpe detective. Una monja que hacía su aparición en "Vértigo" asustaba y precipitaba la caída de Madeleine. En fin, Hitchcock es claro con los que quieren ver, oscuro o inexistente para los ciegos…Hemos presenciado una secuencia de comedia pura, coronada por la tragedia. Y a medida que el film avanza, el protagonista se va haciendo un poco más responsable, pues ha visto la muerte cara a cara, y que no todo lo que brilla es oro.

Antes del final asistimos a otra escena memorable, la del avión de pasajeros bombardeado por un torpedero que cae al mar (y eso es un mar, no la pileta de "Titanic" de Cameron). Escena extraordinaria por su inventiva, su veracidad y su falta de dramatismo barato.

Mucho puede entonces espigarse de esta marginal y excelente película: la relación entre el hombre y la mujer; el viejito que parece Don Porfirio (el de "Invasión"), que nos revela que sólo con buenos discursos –por hermosos que sean- no se logra nada, y sí en todo caso dando testimonio de la verdad con la propia vida, cosa que él no llega a hacer; las actuaciones ajustadas –pese a cierta debilidad de carácter en Joel McCrea, como bien afirmó Hitchcock-, como Herbert Marshall en un papel contrario a su habitual target (recordemos uno de los mejores en "La loba" de Wyler) y convertido en un típico "malo" hitchcoquiano: culto, elegante, millonario, refinado, "preocupado" por la paz, etc.; la forma en que la cámara de Hitchcock se introduce a través de las ventanas en busca de sus personajes (es lo que hace el cine y nosotros con él) y la frecuencia de estas ventanas en sus films; el humor en los personajes ingleses; el valor de las personas pequeñas inmersas en una trama que las supera; el buen uso del "MacGuffin", que es sólo un rodeo, una excusa, un truco sin importancia pero que hace avanzar la acción, etc.

En definitiva, con un tema impuesto y en las circunstancias dadas, lejos de haber hecho lo que en principio se pretendía –un alegato anti-nazi- Hitchcock hizo un film personal donde, como él sabe, la aventura es descubrir la verdad a cada momento, la cual, lejos de ser archivada, valientemente ha de ser comunicada, aunque por ello se nos tome por locos y quieran eliminarnos. Hitchcock les da a sus personajes aquello que nosotros –oración mediante- también poseemos: una ayudita extra.

NOTORIOUS
(1946)

Tazas y botellas

El productor David Selznick (la O. del medio era puro grupo) llevó a Hitchcock a Hollywood confiando en aprovechar al talentoso y exitoso director inglés para prestigiar su nombre como productor y cimentar su independencia de los grandes estudios. Para ello lo dotó de proyectos que le iban mejor a Selznick que a Hitchcock (Rebecca, Notorious, Spellbound, Paradine case), debiendo prestar en repetidas ocasiones a su director contratado a otras compañías. Es sabido que el estilo omnipresente y grandilocuente del vanidoso productor de "Lo que el viento se llevó" y "Duelo al sol" (mamotretos malogrados y prestigiados por la ignorancia y la publicidad) no se llevó con un autor tan personal y consciente del valor de su propia autonomía como era Hitchcock, que durante la larga preparación de esta película –con sus varias versiones de guiones que iban y venían- intentó sin buenos resultados formar su propia compañía con un productor inglés. Cuando logró que Selznick lo "prestara" a la RKO para realizar allí "Notorious", Hitchcock pudo desembarazarse de la atmósfera presuntuosa y afectada con que el productor había dotado a esta historia. Trabajar con Selznick significó para Hitchcock el precio a pagar por ingresar a Hollywood.

"Tiendo a realizar films serios y profundos, y son más fáciles que los films que debo hacer comercialmente. Los films comerciales son difíciles para mí porque constituyen un perpetuo compromiso, y es mucho más fácil hacer un film sin compromiso", afirmó Hitchcock.[40] Esos compromisos que resultaban más entorpecedores o absorbentes por parte de un productor independiente como Selznick tal vez que por parte de los grandes estudios, pero que indudablemente Hitchcock siempre buscó superar –de allí la autopromoción constante de su figura y su nombre-, compromisos que hasta terciaron en su arte de manera tal que, buscando sobreponerse al sentimentalismo cursi que desprendían las historias de Selznick mediante efectos de artificio propios de su etapa muda del cine inglés, *lo llevaron a caer en la alegoría por única vez en su carrera* (en "Spellbound"), fueron superados magistralmente en "Notorious", resultando finalmente –complicadamente- un film hitchcoquiano. Veamos sus ejes de construcción y sus temas, varios de los cuales llevaría a su punto culminante en films posteriores.

La mirada: Los films de espías ponen en acción la característica que prevalece en el cine de Hitchcock, y lo hacen profesionalizando tal acto, cual es el de mirar. Porque el espía es un espectador, y más aún, un mirón que observa sin ser observado y que mira no para juzgar sino para engañar, para hacer caer o utilizar a alguien. De allí que en sus films de espías el tono general sea sombrío y sórdido.

No hay mejor ejemplo que el personaje que interpreta Cary Grant en "Notorious", algo inusual en este actor. Ahora

---

[40] Hitchcock en entrevista con Truffaut y Chabrol, Cahiers du cinema N° 44, febrero de 1955.

bien, Grant es en realidad en este film una especie de espectador –casi del todo impotente- (a la manera de Stewart en "La ventana indiscreta", que deja que su novia se meta en el departamento de un asesino) y nosotros somos sus ojos que observamos cómo por culpa suya la mujer que ama se introduce en una casa donde nada bueno le espera (de alguna manera, también, Grant pone a Bergman en la mansión Bates, haciendo que se case con Norman).

Ingrid Bergman, a su vez, debe observar los detalles y estar atenta a los distintos personajes de la casa y sus movimientos, porque no sabe de la importancia de cada cual. Como nosotros espectadores que debemos hacer lo mismo. Por eso cuando en la cena a ella le son presentados los distintos personajes del círculo de su marido, éstos se acercan y miran de frente a cámara, en una toma casi subjetiva de la Bergman. No sólo la miran a ella sino a nosotros: nos hemos introducido con ella en esa casa. La identificación –no con ella en tanto personaje sino con ella en tanto espectadora- se ha realizado exitosamente. Pero Hitchcock complica un poco las cosas, no simplifica tanto porque su mirada es más profunda de lo que se cree. Bien visto, nos damos cuenta que Claude Rains *es víctima del mismo procedimiento usado para engañar a James Stewart en "Vértigo"* (en esto se desvanece ese supuesto "bien" que representaban los agentes norteamericanos, porque para Hitchcock el fin no justifica los medios –esto desde luego, en términos estrictamente no cinematográficos-. Por eso al final Grant y Bergman salen de la casa y de esa situación toda errónea). Es recreada para Rains una mujer hermosa y "pura" ante sus ojos de enamorado, con el solo propósito de engañarlo. En esto no nos gozamos del engaño porque Hitchcock hace de Sebastian (Rains) un personaje simpático, gentil y amable, que encima es manipulado por y debe aguantar a su anciana madre (la escena en que ellos discuten tras la puerta y son escuchados por Ingrid Bergman, es tal cual la posterior de "Psicosis", la misma relación). Por cierto, Sebastian también espía, pero por celos: lo hará en el hipódromo y lo hará en la fiesta.

Por otro lado, las actitudes de Rains y Grant son las mismas: ambos se enamoran de la misma mujer; el segundo se decepciona cuando cree que aquella no se recupera de su anterior vida de desórdenes y pecados, y la entrega entonces culpablemente en manos de Rains. Éste, cuando comprende que ella lo engañó, la entrega en manos de su madre que planifica su lento asesinato. Hasta aquí *difieren muy poco en sus actitudes los dos hombres, el norteamericano y el alemán, el "héroe" y el "villano"*. Lo que ocurre es que en los films de Hitchcock los héroes se van haciendo sobre la marcha. Cuando Alicia (Bergman) está desahuciada, dejada de lado por los agentes norteamericanos y por los alemanes (no significa nada para ninguno de ellos, o en realidad los últimos la toman más en serio), Devlin (Grant) decide intervenir para salvarla. El amor lo hace arriesgarse, realizar una maniobra no recomendada por sus superiores, salirse de las reglas y restablecerse de alguna manera por todos los actos impiadosos que indudablemente en su vida de espía habrá tenido que cometer. Se involucra además porque se da cuenta de que Alicia ya no atenta contra sí misma y quiere ser salvada. Devlin subiendo las escaleras de la mansión de Sebastian se eleva por encima de lo que ha sido hasta ahora, pero además recompone lo que él descompuso, porque es por causa suya que Alicia yace moribunda allí. La escena en que él la rescata de la cama es simétrica con la del comienzo, en que le da a ella –acostada en otra cama- una bebida para quitarle la resaca. Diferencia notable entre las dos escenas (esto es lo que llamamos "principio de simetría"): en la primera Devlin está interesado en ella en tanto pueda usarla para sus fines profesionales; en la segunda la ama y la rescata de brazos de la muerte en una jugada audaz. Otra vez simétricamente, la escena en que ambos salen de la casa completa y supera el estado inicial, en que Alicia sale sola de la sala de tribunales.

La caída: Hitchcock sabe, en su mirada católica, aun inconscientemente católica que despliega en su forma de mirar las cosas, que el hombre es una criatura caída, nacida con pecado original y que el mal, aún redimido, persiste en atraerlo hacia él. Para graficarlo –porque evidentemente pensaba mediante imágenes- no tiene nada mejor que definir a sus personajes en tal condición inicial. Así es como muestra a Alicia "caída" en la cama casi al comienzo, embotada por el alcohol. O muestra a Marion Crane al comienzo de "Psicosis" en la cama de un hotel alojamiento. O al comienzo de "La sombra de una duda" a Cotten acostado sobre una cama, lo mismo que su sobrina en Santa Rosa (ambos llamados Charlie, ambos lados de una misma persona, el mal y el bien que se amarán y se odiarán hasta el fin en que el bien ha de triunfar complicadamente). O en "Extraños en un tren", cuando el tenista encuentra a Bruno acostado y escondido en una cama. O en "La ventana indiscreta", Stewart tirado e inmovilizado en una silla de ruedas. O en "Rebecca", que comienza con Olivier al borde de un precipicio, como aparece Stewart en el comienzo de "Vértigo", cayendo simbólica y psicológicamente. Pero también tenemos escenas en la cama que son significativas: en "I confess", Keller le confiesa a su esposa su crimen estando ésta en la cama, y se justifica diciendo que lo hizo por ella. En "The wrong man", Balestrero llega a la noche y encuentra a su mujer en la cama, preocupada. Todo lo que hará luego

–y que le ocasionará sólo problemas- será por ella. El cadáver de un hombre que yace acostado en el pasto en "The trouble with Harry" hace que todos tropiecen con él, pues nadie puede desligarse de tal condición. Lo mismo ocurre en "La soga", donde el cuerpo del hombre asesinado al comienzo, que yace acostado en un arca, marca los pasos y condiciona todo lo que ocurre en la pantalla durante toda la película (condición de caída absoluta que se abre para nosotros y se resuelve cuando el personaje de Stewart abre la ventana y dispara tres tiros al aire, para que todo el mundo se entere; tres tiros, uno equivalente a cada uno de ellos, él reconoce su parte en ello).

Así, Hitchcock recrea esta suerte de fatalidad que rodea a los hombres y específicamente al hombre y la mujer caídos: el intercambio de culpas, el compartir esas culpas, el excusarse del hombre y culpar a la mujer o el abusar de la mujer de su condición caída haciendo caer al hombre. Lo bueno es que Hitchcock además de darnos el problema hace que los personajes encuentren una salida, luego por supuesto de haber reconocido su culpa, si no explícitamente, *habiendo tenido que ser humillados por la tribulación*. En este caso, Alicia reconoce que su vida ha sido mala y quiere enmendarse. El amor de Devlin podrá hacerlo posible, pero sólo después de que éste rectifique su camino y deponga el orgullo. Por eso la larga escena de amor del comienzo entre los dos *no funciona*. El orgullo de Devlin que no la acepta del todo (porque no es suficientemente buena para él) hará retrasar la verdadera y feliz unión de la pareja, que estará cimentada por el dolor y la lucha y no por la facilidad de la escena aquella tan famosa por su largo beso (son dos criaturas caídas las allí retratadas, no obstante lo cual es una escena peligrosa, aunque no un agregado "erótico" para estimular a los espectadores: Hitchcock no necesita de ello para mantener el interés de su audiencia, aunque para nosotros pueda ser un exceso)[41]. Escena que muestra bien que aquel que ama desea estar unido a lo que ama, pero que también *el amor es más que eso*. Desde luego, personajes como Alicia y Devlin parecen saber poco o nada del verdadero amor y la verdadera amistad, de allí la incomodidad que puede provocar la escena íntima -que a los actores los incomodó al extremo- (se puede establecer un paralelismo entre esta escena de "amor" y la similar escena y situación-resolución en otro film de espías, "North by Northwest"). Pero es justamente esa apasionada precipitación la que no contradice la abrupta ruptura posterior, esa misma noche. La caridad no casa bien con la irreflexión, antes bien, los primeros impulsos del hombre son los de juzgar al otro sin conocerlo del todo, esperándolo todo de un corazón que, como todo corazón humano, es mendaz si no está unido a la voluntad de Dios. El personaje de Claude Rains se reprocha un par de veces el haber actuado con Alicia precipitadamente "como un adolescente", que fue lo que lo llevó a ser engañado. Pues así es como actúan Devlin y Alicia en tal encuentro, llevados por la impetuosidad del enamoramiento

---

[41] Sobre el tema de los besos en las películas nos ocupamos con más detalle en nuestro libro sobre *Vértigo*. Decimos solamente acá que en Hitchcock siempre el beso es problemático, es decir, no es un símbolo del amor romántico, como se puede pensar, sino más bien de inmadurez y trampa. Por supuesto que Hitchcock se pliega a la regla hollywoodense que indica que si hay una historia entre un hombre y una mujer (casados o no, a la moral yanqui poco le importa), debe haber beso, aunque en este y otros casos se ha pasado por encima la censura, que prescribía no más de tres segundos de contacto.

que idealiza al otro. Sólo será adulto ese amor cuando intervenga el peligro para ponerlo a prueba.

Detengámonos un poco en el capitán Prescott, personaje interesante. Este jefe de los espías, interpretado por Louis Calhern (que hará un papel parecido en la posterior "La jungla de asfalto" de John Huston) es un personaje que, supuestamente y dados los cánones de la época y el tema abordado en el film, representa a los *buenos* –estamos en plena Segunda Guerra mundial-, es decir al gobierno de EEUU. Pero en realidad es mostrado como alguien engreído, que se cree seductor, seguro de sí mismo, vanidoso y sin sentimientos. Cuando Devlin le dice que sospecha que Alicia tiene graves problemas el capitán lo escucha desinteresado mientras come galletas con paté, acostado en una cama (recordemos, de paso, que Alicia, las dos veces que la vemos en cama la vemos enferma; a Prescott lo vemos en la cama deleitándose con la comida). El destino de sus agentes ya no es su problema, mucho menos el de una mujer problemática hija de un agente alemán. USA te usa y a otra cosa, nos hace comprender. Esa displicencia con que se maneja lo hace más desagradable y en verdad es peor que Sebastian, porque éste demuestra que tiene sentimientos. Lo que nos muestra la película es que Devlin iba en camino de convertirse en otro Prescott hasta que apareció Alicia. Es significativo que Devlin ironice en un momento sobre las "honorables" esposas de los otros jefes del servicio secreto, cuando uno de ellos juzga a Alicia por su pasado: allí entendemos que él de verdad está enamorado y no es como los otros.

Por otra parte, Prescott es, como Gavin Elster en "Vértigo", el tentador, el manipulador que se lava las manos de las consecuencias sobre la mujer que usa y la trama que arma. En definitiva, un bribón como aquel –ambos son elegantes y ambos son medidos y educados y usan bigotes, parecen cortados por el mismo sastre, y lo están. Pero, además, Prescott cumple el papel del personaje hitchcoquiano que, estando cercano a la tragedia, es incapaz de verla (a veces porque no quiere), como los invitados de "La soga" que bromean sobre asesinatos, o como el matrimonio de "La sombra de una duda", que no saben que tienen un asesino en la casa.

Los detalles, las cosas hablan: Como es notorio para cualquier espectador, los films de Hitchcock son recordados entre otras cosas por la impresión visual que nos ofrece el uso dramático y simbólico de los objetos que identifican a tales films. Hitchcock desvía y atrapa nuestra atención mediante estos simples objetos que, además de su función propia, devienen en símbolos con los cuales construimos el film en nosotros. Las cosas son lo que son, pero son signos además de otra cosa. Por allí aparece el misterio que trasciende el mero argumento del film. Así un cómodo sillón puede aparecer vacío detrás de Alex Sebastian cuando éste escucha el plan de su madre para acabar con Alicia para, de inmediato, encontrar a Alicia en un sillón frente a una taza de café que nos hace comprenderlo todo sin necesidad de explicaciones. La hospitalidad es invertida –como en *Psicosis*- y uno de los símbolos de ese confort deviene en lo contrario. Por otro lado, ese sillón vacío que desea Alex se cruza con el lugar vacío en el banco de plaza, donde Devlin esperará a Alicia en vano. Una botella de champagne que Devlin olvida cuando sus jefes le dicen lo que piensan hacer con Alicia, y las botellas de vino que contienen otra cosa, todo ello nos muestra cómo las cosas son falsificadas o pervertidas en su uso cotidiano por los personajes, develando que más allá de lo aparente hay otra historia no explícita pero inteligible, precisamente a través de estas cosas que parecen plegarse a la trama del film, como la llave que Alicia sostiene escondida en su mano durante la fiesta, una llave que abre mucho más que la bodega de la casa. Veamos más en detalle este plano-secuencia. ¿Por qué Hitchcock lo filma así? Mejor dicho, ¿por qué lo concibió así? Nos referimos a ese descenso de la grúa desde un plano general a un plano detalle, sin cortes, desde lo general a lo particular. Recordamos el plano casi final de *"Young and innocent"* (1937), de similares características. Se trata de mostrar dos planos distintos que parecen oponerse y que sólo alguien -el director, a la manera de Dios que todo lo ve y sabe- conoce (el mismo Hitchcock se refirió a aquel plano aéreo en *"Los pájaros"*, cuando en la estación de servicio se ha desatado el incendio y el caos, como el punto de vista de Dios). El plano general, con el gran salón y los concurrentes a la fiesta, nos muestra a una multitud anónima ajena al drama que una persona está viviendo en ese momento. Nos acercamos a esa persona que, sin que haga falta un comentario o voz en off, sabemos en qué está pensando y cuál es su estado de ánimo. Lo sabemos por esa minúscula llave que aprieta nerviosamente escondida en una de sus manos. Es una constante en Hitchcock: el mundo con sus vanidades permanece ajeno e ignorante de los grandes dramas que pueden estar ocurriendo en su seno. Esta situación podría ser mostrada mediante el montaje, con progresivos acercamientos hasta Alicia. Pero, en la continuidad de la toma, vamos encadenando todo esto en una unidad verdadera plena de contrastes que nos permiten darle el sentido. Este recurso, bien usado, como en este caso en que se justifica, cumple su función. Usado porque sí y hasta el abuso hoy en día, pierde su sentido, porque por otro lado Hitchcock tenía bien en claro este conflicto de lo universal y lo particular en todos sus films.

Además, llamaba la atención sobre los objetos (un vaso de leche; una cámara de fotos; una llave; una alianza; una taza) porque lo suyo era cine y no teatro, y sabía que el film lo construye la cámara y no el actor. Y el director encontraba (cuando en el proceso de pre-producción había muchas manos en el mismo plato) con estos detalles la forma de revelarse (y rebelarse) sin ser molestado y en lo que había de más auténtico y en tanto el proyecto –que debía satisfacer a los financistas de Hollywood- lo permitía.

Finalmente, diremos que el MacGuffin que aquí es usado (el uranio escondido en las botellas), como todo MacGuffin, era para Hitchcock algo secundario, aunque sabía que se estaba metiendo con algo riesgoso en 1944, cuando todavía no se hablaba de la bomba atómica. Pero, para que se entienda la clase de mentalidad de Selznick (el productor que convirtió a Jennifer Jones, la encantadora protagonista de "Bernadette", en su amante y por la cual rompió su matrimonio, arruinando además la carrera de aquella), cuando se arrojaron las bombas sobre Hiroshima y Nagasaki, la película todavía no se había filmado. Selznick pensó que podía aprovecharse el interés del tema en el público sobre el tema de la energía nuclear, despertado a raíz de aquellos criminales actos, haciendo llegar esta película a los cines antes que otras que se preparaban sobre el mismo asunto. Lejos de considerar el carácter luctuoso y atroz del hecho de haberse arrojado esas bombas, Selznick, que antes desestimó a Hitchcock y lo cedió a otro estudio porque creía que el tema del uranio era una estupidez, ahora, como si fuera un comerciante del barrio de Once, afirmaba: "*Si no somos los primeros en sacar el film, no sólo perderemos la oportunidad de incrementar nuestros beneficios, sino que si encima lo sacamos cuando el tema esté agotado, resultaremos muy perjudicados"* (sic)[42]. Esa era la mentalidad de Selznick y de la mayoría de los productores de Hollywood. Desde luego, Selznick no pudo salirse con la suya y sus presiones a la RKO y a Hitchcock para apurar la película no dieron resultado. Por otro lado, el guionista Ben Hetch, un judío cercano al sionismo, pretendía –en una de las tantas versiones previas del guión- que Alex Sebastian tuviera un globo terráqueo como el del insoportable Chaplín en "El gran dictador". Ya sea por parte de Selznick, que no deseaba comprometerse demasiado, o de Hitchcock –que, recuérdese, dirigía a sus guionistas como dirigía a sus actores- que no quería tonterías semejantes, porque además la guerra para él era en realidad la segunda historia, el trasfondo de la primera, la más importante, finalmente todas esas cosas fueron dejadas de lado. Saber estas cosas sirve para entender por todo aquello que tiene que pasar –y con lo que tiene que luchar- un director de cine en tanto depende de ciertas circunstancias, compromisos y obligaciones contractuales. Es decir, que no se puede juzgar a la ligera, y aunque debamos ser estrictos, no debemos ser injustos.

Bien, para ir terminando, un católico podría preguntarse, ¿cuál es el interés de esta película, en cuanto a lo católico? ¿Ese carácter licencioso que parecen tener los protagonistas, esa intriga entre espías en una guerra que no es la nuestra, en qué me concierne a mí? Una obra cinematográfica para ser católica no necesita aparentarlo. Hitchcock lo que hace es mostrar al hombre como es –con mucho de bien y mal mezclado-, con sus características que nosotros debemos asumir como propias, pero también con la necesidad de superar esa condición. Que no haga referencia explícita a

---

[42] Ver: *"Hitchcock y Selznick"*, por Leonard J. Leff, Ed. Alertes.

Dios o los personajes casi nunca lo invoquen, bien, muchas veces los que actúan no sabrán por qué hacen lo que hacen y de qué manera pueden llegar a creer. Lejos de pretender darnos un film "edificante y moralista", al que probablemente los espectadores no tomarían en serio y le darían la espalda, al comprender la obra nosotros mediante su reconstrucción simbólica, nos volvemos realistas con respecto a nuestra mirada sobre la realidad, que es más de lo que vemos. Comprendemos, por ejemplo, también, que a una mujer caída no se la desprecia y juzga sino se la trata con caridad, que no se la entrega en manos del enemigo en virtud de turbios motivos disfrazados de patriotismo, que la imaginación debe afincarse en la verdad de las cosas para no extraviarse fácilmente según los propios deseos, o que no debemos confiar del todo en nuestros sentidos y en lo que vemos. El pecado y la caída están presentes sin ser mencionados. Muchas veces, lamentablemente y por fuerza debido a los "compromisos comerciales" propios del cine, un final feliz ilusorio falsifica esa gravedad. La perspectiva sobrenatural que hay en films como "Vértigo", "I confess" o "The wrong man", está aquí sumergida por consideraciones coyunturales. Pero en Hitchcock está esa "arquitectura secreta" que, como en todo artista, a veces está más o menos lograda. "Notorious" es un Hitchcock en transición, pero en transición hacia las grandes obras maestras que se alimentaron de las obras anteriores, incluyendo este film difícilmente olvidable.

YO CONFIESO
(1952)

La Pasión según Hitchcock

Es notoria en este film la identificación y la comodidad con que se mueve Hitchcock dentro de esta historia y su marco escenográfico, las iglesias y sus dependencias, como algo ya bien conocido de sus primeros tiempos de estudiante con los jesuitas, y cómo también nuevamente sabe sacar provecho de una escena de juicio a las que era tan aficionado (como en "El hombre equivocado" o "Vértigo", en sus casos más brillantes).

Hay una escena capital en esta película: antes de que el Padre Logan salga del rectorado para lo que ha de ser su Pasión, cuando el empleado del rectorado y asesino Keller lo sigue acusándolo de cobarde, y temeroso, cree ver en el sacerdote una mirada de miedo y delación, cuando en realidad lo que hay en la mirada (y sobre todo en el silencio) del Padre Logan es tristeza por el mismo Keller (como la mirada triste de Cristo frente a Judas), y luego pesadumbre por la cruz que debe cargar. Keller no puede sino pensar egoístamente en sí mismo, por lo tanto piensa mal del sacerdote, y cree que va a descubrir el secreto de su confesión. Esa mirada que malinterpreta de Logan lo lleva a hacerse de un arma y es el comienzo de su fin.

El Padre Logan, en tanto, inicia el lento camino de cargar su cruz: lo muestra el mismo Hitchcock en un plano hermoso y más que evidente, con el protagonismo de un Via Crucis en la ciudad de Quebec, Canadá. El sacerdote se sacrifica a sí mismo, y se entrega a la policía para no manchar a la Iglesia: la sotana, contrariamente a lo que pasa hoy en que casi ningún sacerdote la usa, tiene su importancia, es la imagen de lo sacro y no debe salir manchada en las páginas de un diario (esto es lo que sugiere esa foto que ve de un delincuente esposado escoltado por policías que vio en la fachada de un cine; también, ese plano de un traje en la vidriera de un negocio, le hace tomar conciencia al padre Logan, y a nosotros, de la carga que lleva encima, de la responsabilidad que tiene como sacerdote).

Otro punto estupendo: la relación de Otto Keller con su esposa, que se llama Alma (en parte, estamos seguros, como homenaje de Hitchcock a su esposa, que así se llama y guarda un parecido físico con la actriz que la interpreta). Alma (el alma) sufre ante los pecados de su marido; se ve cohibida, afligida, sometida ante él, débil. No le gusta lo que él ha hecho, ella trabaja confiada y a gusto con los sacerdotes, pero está ligada a su marido y es arrastrada por éste en su caída (el marido al que podríamos llamar el hombre carnal, contra lo espiritual de su mujer). Cuerpo y alma son inseparables, y el mal que uno comete el otro lo sufre. Pero, finalmente, el alma (Alma) es noble y cristiana, habla, clama, dice la verdad, lo que le cuesta la vida. Y, en un brillante diálogo final entre Keller y el Padre Logan, en ese inmenso y vacío auditorio que denota la soledad y pequeñez en que se ha quedado el desesperado asesino, que ha matado a su esposa Alma y ahora está acorralado por la policía, le dice a Logan que ha perdido a su Alma, se ha quedado solo, y agrega, "como usted, sin amigos, todos lo han abandonado". "Pero yo no estoy solo", le dice el Padre Logan, sin que Otto Keller lo pueda entender. Aquel ha perdido su alma, pero como Alma ha pedido perdón al sacerdote antes de morir, Otto no está aún del todo perdido. Y es así que antes de morir bajo las balas de la policía, alcanza a pedirle perdón al sacerdote (y en él y con él a Dios mismo). Escena magnífica que sólo un verdadero católico puede realizar y de esa manera.

Esto nos lleva a pensar en la representación del mal en Hitchcock: tanto si está en el otro como si está en uno – Hitchcock no es maniqueo, sabe que el mal es ausencia de bien y que en todos acecha-, nunca podemos llegar a odiar a los malvados. Podemos temerlos o execrarlos, pero, como en este caso, el bien absoluto que representa el sacerdote – porque representa más que a sí mismo- es capaz de vencerlo, oponiendo bien al mal, y así obteniendo al final el triunfo del bien. Bien en Keller, mas no en todos, por ejemplo, en el juez o el fiscal del juicio inicuo que a pesar de todo no pudo condenarlo, aunque sí ensuciarlo. Y toda la turbamulta ociosa, vil y bullanguera que lo insultara a la salida del juzgado. Miren por ejemplo esa mujer con la imbecilidad impregnada en su rostro, que come mansamente y con perezosa crueldad una manzana mientras observa cómo agreden al sacerdote en la puerta del juzgado (¿copió Hitchcock esta idea del film de Robert Siodmak "*Phantom Lady*", seis años anterior? En todo caso la hizo mejor). O a ese miembro del juzgado que mientras escucha los alegatos y testimonios se pasa morosamente un peine por la cabeza, y luego en la sala del jurado ensucia gratuita y gozosamente la reputación del Padre Logan.

Pero el personaje más vil –junto a la doblez del fiscal- es uno que aparece ya en otros films de Hitchcock: se trata del chantajista al que asesinan. Es exactamente todo lo contrario del sacerdote, que podría ahorrarse todos los sufrimientos hablando, y no lo hace. El chantajista es como el demonio: conoce información y enreda a su víctima más aún en ese pecado secreto, sumiéndolo en un abismo. El sacerdote se entera de esos pecados, pero con el fin de curarlos, reconviniendo, aconsejando, consolando y perdonando al pecador.

Otro de los temas hitchcoquianos: como en *Psicosis*, el móvil del dinero no es determinante de la trama o el tema del film en sí, pero es el detonante, el que le abre las puertas. Aquel que comete un crimen por la ambición del dinero se mete en una espiral de problemas que lo conducen a la muerte.

Interesante resulta ver la forma en que Hitchcock hace las cosas. En la secuencia del flashback, por ejemplo, donde la mujer (Anne Baxter) se ve forzada a contar el pasado de su relación con Logan, el estilo de filmación es edulcorado, la música cargosa, y hasta tenemos una escena en cámara lenta. Esto es así, precisamente, porque el relato está hecho desde la subjetividad de tal mujer, desde su forma "romántica" de recordar las cosas. Su propia y anterior deshonestidad, nos dice Hitchcock, va de la mano con ese estilo también deshonesto y pueril, del todo extraño al cine de Hitchcock. Pero, he allí una marca de Hitchcock: cuando la mujer mira por la ventana cómo el cartero se dirige hacia ella, sin noticias de Logan, por la vereda, cubriéndose de la lluvia en sendos paraguas, dos sacerdotes caminan en dirección contraria a donde se encuentra ella. Premonitoriamente se le está diciendo a la mujer, y a nosotros, cuál es el destino y el rumbo de Logan.

Montgomery Clift interpreta a un sacerdote joven, decente, bueno, acotado siempre por Hitchcock, en algún sentido como el Fonda de "The wrong man", es decir, la víctima expiatoria que permanece firme y fiel a su mandato. Lejos del atormentado Clift de otros films, y del "moderno" y "canchero" sacerdote tipo Bing Crosby de las insoportables películas de McCarey, Clift tiene en sí cierta ambigüedad que lo hace ajustarse a la película, sin que pudiera llegar a dar mucho más. Su virtud es el silencio, e importa menos el personaje que su actitud decidida (como el recordado capitán del Hatteras de la magnífica "The lightship" de Skolimovsky, que se negaba a levantar el ancla de su buque faro). Es, sin dudas, el mejor papel de su carrera junto con el de "La heredera" de Wyler (lo que demuestra que, cuando un hombre se somete a una autoridad verdadera, cualificada, se encamina con firmeza hacia la consecución de logros muy estimables que jerarquizan la propia vida. Es una pena que el propio Clift no repitiera esta experiencia en su atormentada y declinante vida, sometiéndose a la más alta y suave autoridad que sobre el hombre rige. Pero, finalmente, quién sabe...).

Anne Baxter no era una actriz para Hitchcock, él lo sabía, y debió aceptarla por contrato. Está aquí en el límite de lo tolerable. Parece que hubiera quedado marcada por su gran trabajo en *"La malvada"* y fuera a caer siempre en el mismo personaje, al borde de la sobreactuación.

Hitchcock sorteó todos estos posibles contratiempos con maestría y realizó un film de espíritu católico y hitchcoquiano a la vez, un film al que los tontos o los no católicos que saben apreciar en cierta medida el cine (caso Truffaut) no le sacarán todo su provecho. Porque el cine cuando es bueno nos da, además del buen sabor, el nutriente para el camino de la vida.

P.S.: Puede ser interesante añadir dos datos curiosos. Hay una película argentina del período mudo, del año 1926, bastante meritoria, aunque muy precaria, que toca el mismo tema que la película de Hitchcock: "*Bajo la mirada de Dios*", dirigida por Edmo Cominetti en 1926. En ese año Hitchcock filmaba su primera película destacada y exitosa, "*The lodger*". Interesante, pues, que ya existiese un antecedente sobre el tema. Y ya que estamos con el cine argentino, también hubo un antecedente a lo que fue "*Vértigo*" en 1958. Nos referimos a "*Más allá del olvido*", obra maestra filmada por Hugo del Carril en 1955.

Para valorar más "*I confess*", podemos asimismo pensar en una película inglesa terriblemente anticatólica que trata también de un sacerdote protagonista y el secreto de confesión: "*Absolución*", dirigida por Anthony Page en 1978 y protagonizada por Richard Burton. Es una ponzoña absoluta y contiene uno de los finales más diabólicos de la historia del cine. No obstante esto, hay ¿incautos o más bien imbéciles? que la ven en relación con el cine de Hitchcock. ¡Cuánta ignorancia!

DIAL M FOR MURDER
(1954)

Ensayo de un crimen

Este film, titulado entre nosotros impropiamente "La llamada fatal" o irónicamente "Crimen perfecto", del cual ha dicho Hitchcock a Truffaut: "Sobre el cual podemos pasar rápidamente pues no tenemos gran cosa que decir", no obstante, lo lleva a declarar ciertas cuestiones relacionadas con la adaptación del teatro al cine, muy lúcidas e inteligentes. Pero vamos a detenernos nosotros brevemente en este film, que nos lleva a pensar las relaciones entre el cine y la realidad, su punto de contacto y sus diferencias. Por no ver a las claras esto, el espectador puede confundirse y dejarse moldear el pensamiento y su forma de vivir (cosa que casi siempre ocurre inadvertidamente con casi la totalidad del cine).

El protagonista, el tenista retirado Wendice (Ray Milland, brillante y despiadado que anticipa sus futuros personajes poe-cormanianos), prepara todo detalladamente, durante un año, para lograr el crimen perfecto de su esposa y quedarse con su herencia. Lo malo (y una de las cosas que hace avanzar el film) es que en algún sentido nos identificamos con su punto de vista, ya que la mujer (Grace Kelly) le es infiel. Lo malo del tipo es que esa sea la excusa para en realidad vengarse de ella por el dinero. No se trata, en definitiva, de un crimen pasional. Más tarde sabremos que Wendice no la ama ni la merece, pues no es capaz de dar la vida por ella y sí lo es en cambio el amante (el siempre insulso Robert Cummings). Veremos luego cómo la culpa reparte su peso entre ellos.

Siguiendo con el primer punto, ahora Wendice introduce a su casa (donde transcurre todo el film) a un personaje que será el obligado asesino. Como un director de cine que planifica una escena, ensaya con este personaje y le explica cada uno de los movimientos que deberá hacer: por dónde entrar a la casa y con qué llave; dónde esconderse; qué hacer luego del crimen, etc. Él (Milland) dará la orden de acción a través de una llamada telefónica. Tendrá su coartada perfecta estando en compañía del amante. Hasta aquí todo perfecto. Pero ya le había anticipado el personaje de Cummings, escritor de novelas policiales, que en la ficción puede existir el crimen perfecto, no así en la realidad. Milland recibe estas palabras estando de espaldas a cámara: en ese primer plano de su nuca Hitchcock muestra que sabe lo que es el cine, no necesita mostrarnos su cara para que sepamos la inquietud y curiosidad que estas palabras le provocan.

Otros detalles de puesta en escena: cuando habla con el futuro asesino, un sujeto del que conoce toda su mala vida, Milland se muestra todo el tiempo dueño de la situación, "se las sabe todas", podríamos decir, tiene el control. Así, mientras él permanece sentado en un sillón, y en ese plano vemos por detrás los diversos trofeos de tenis sobre una repisa (plano similar al de Norman Bates en *Psicosis*, con los pájaros disecados –sus trofeos- al fondo del cuadro), vemos al asesino elegido de pie, atrapado entre el marco de una puerta, vacilante. Cuando éste menciona la posibilidad de ir y denunciar a Wendice a la policía, camina levemente hacia un costado, donde aparece una lámpara que lo ilumina. Pero, cuando Wendice /Milland le demuestra la derrota de esa posibilidad, el otro vuelve a caminar hasta "encerrarse" entre el marco de la puerta. Todo esto, por supuesto, casualmente, como cuando uno camina y habla sin prestar atención a sus propios movimientos.

Todo entonces parece perfecto, pero...la cosa sale al fin mal, y por un pequeño detalle se le arruina a Wendice por completo la película que tenía en mente, ya que la esposa termina matando al asesino (en defensa propia). En otro intento de ejercer el control, Wendice vuelve pronto a su casa y manipula pronto la escena como para hacer aparecer a su esposa como culpable, ya que hace creer –con pruebas fabricadas de antemano- que el asesino la estaba chantajeando debido a su infidelidad matrimonial. Cuando salen todos para ir a declarar a la comisaría, Milland –vaya detalle- acomoda una alfombra que estaba levantada desprolijamente, mostrando de esa manera que aún resulta ser el dueño de la situación. Será la imaginación del escritor enamorado, junto con la sagacidad del detective londinense (John Williams) quienes al final, por otro pequeño detalle, descubrirán la verdad.

En este film en el que abundan los diálogos, se verifica acertadamente aquel punto fundamental de la puesta en escena y que casi nadie entiende y aplica, el mismo Hitchcock lo decía así: *"¿Quiere decir que el diálogo dice una cosa y la imagen otra? Este es un punto fundamental de la puesta en escena. Me parece que las cosas ocurren a menudo así en la vida. Las personas no expresan sus pensamientos más profundos, tratan de leer en la mirada de sus interlocutores y, con frecuencia, intercambian palabras triviales mientras intentan adivinar algo profundo y sutil*"[43].

Hablamos antes de la culpa, tema que aparece en mayor o menor medida en toda la obra de Hitchcock. El personaje que en mayor grado se hace cargo de ello es la mujer, que, cuando el detective le revela que se ha enterado de su infidelidad a través de la carta del chantajista, siente lo que es la vergüenza. Atenúa su culpa el hecho de que el esposo sea un sátrapa que ha deseado matarla, mas no por aquel acto. Y la mujer, inevitablemente, deberá pagar (como la mujer de Balestrero en *"The wrong man"*). Aquí ella lo ha engañado, y debe someterse luego a ser encontrada culpable en el juicio, aunque por otro delito, el de homicidio. En *"The wrong man"*, el marido es encontrado culpable de algo que no hizo, y la mujer, culpándose a sí misma por sus habituales rezongos y exigencias domésticas, asume esa culpa y enloquece. Finalmente, algo une a los personajes de este triángulo, que al final, cuando todo se resuelve y el detective descubre la culpa de Wendice al organizar toda la trama, beben un trago civilizadamente, lejos de cualquier efecto melodramático ni de ningún sentimiento de victoria. Este sentimiento sólo lo tiene y lo disfruta el detective, que certifica este carácter acomodándose los bigotes con un peine y llamando a la jefatura por teléfono, ese aparatejo que no sirve en las películas de Hitchcock para otra cosa sino para llamar a la policía.

Escribió Romano Guardini: *"En el mundo cinematográfico, tal como lo conocemos, nada hay genuino. Su lógica no es la de la realidad genuina, como tampoco es la de la revelación poética: se rige por los deseos más triviales*

---

[43] *"El cine según Hitchcock"*, A. Hitchcock y F. Truffaut.

de la vida, que no se atreven a mirar las cosas como son, con sinceridad y coraje". Nos parece ver allí un prejuicio de intelectual que todo lo generaliza. Creemos que Hitchcock es todo lo contrario, pues nunca es complaciente y sus personajes se comportan como en la vida real y las cosas, como en la vida, no salen nunca a la perfección. Ni siquiera sus películas, meticulosamente preparadas antes del rodaje. Porque no somos nosotros los que dijimos el primero "¡Acción!". Pero, así como hay alguien que conoce al detalle toda la urdimbre de lo que pasa en esta historia –una historia ya escrita- así también ocurre con nuestras vidas, alguien las conduce a buen fin, si somos como ese detective y no como los otros personajes.

LA VENTANA INDISCRETA
(1954)

El cine y el espectador

"Mientras que, en una imagen como La ventana indiscreta, tienes a un hombre sentado frente a una ventana mirando: el primer trozo de película es un primer plano, el segundo trozo de película es lo que ve, el tercer trozo de película es su reacción. Ahora aquí, en rápida sucesión, hay tres piezas de película juntas, que es realmente lo que es "cine puro": la posición relativa de las piezas de película que crea una idea, como palabras en una oración. De estas tres piezas de película nace una idea y una audiencia que reaccionará a esa idea, de las piezas de película que han visto".

Alfred Hitchcock[44]

Para quien esto escribe, la más brillante y completa descripción del espectador de cine nos ha sido dada por el cine

---

[44] Entrevista entre Alfred Hitchcock y Keith Berwick, fue filmada para el programa de televisión Speculation del Canal 28 y se emitió por primera vez en 1969.

mismo en la película *"La ventana indiscreta"* (Rear Window, 1954), de Alfred Hitchcock, quien en esta obra alcanzó la cima de lo que fue sosteniendo en sus films como teorizador del cine.

Pero antes de abordar esta película, debemos anticiparnos a afirmar que el cine de Hitchcock, básicamente, está hecho para los que piensan acerca de lo que padecen, y no para los que se complacen en aquello que padecen. Vale decir, *no para los Jeff de este mundo,* sino para los que lo han sido o lo son pero sufren tal condición y quieren desembarazarse de ella. Por eso no es un cine recomendable para todo público. La sensualidad latente en algunos personajes, de ningún modo mostrada de modo ejemplar, pero sí expuesta, pone en evidencia el sarcasmo del pesimista Hitchcock hacia el espectador moderno (un mirón y lujurioso) y deja muy mal parado a sus protagonistas. ¿Acaso Jeff (el protagonista de esta película) no hace lo mismo que Norman Bates en *Psycho,* cuando espía a una mujer por la ventana? ¿Jeff no podría también llegar a hacer lo que hace su vecino Thorwald? ¿El final no anticipa quizás futuros conflictos maritales? Hitchcock es un zafado moralista, que filma en una sociedad que permite tales vistas. A veces se excede en lo que muestra, pudiendo llegar a incomodar a ciertas personas (no hablamos de puritanos o mojigatos, claro está), como ocurre en el comienzo de la película. Pero es que aquello no dejaba de ser Hollywood. Había que poner "mucha carne en el asador", para decirlo en términos criollos.

Hecha la advertencia, dejemos establecido que Hitchcock conoce al espectador como ninguno –decimos conoce en presente porque cada visión de un film actualiza el concepto y la mirada: el cine se desarrolla siempre en tiempo presente. Y lo conoce porque su visión va más allá de lo psicológico o emocional para sostenerse en una dimensión teológica elemental de la vida. Los críticos más despiertos han visto esta analogía primera del protagonista de este film con el espectador; no así la connotación católica en la mirada hitchcoquiana.

"El hombre de las metrópolis liberado de la lucha por la vida gracias a la tecnología, se va haciendo más espectador que actor; tiene una identidad fragmentaria y una solidaridad anestesiada: su más alto ideal es el placer, y su pasión, la avidez de experiencias"[45]. Sin embargo, Hitchcock nos presenta a Jefferies (James Stewart) no como alguien que usa su tiempo libre en espiar a sus vecinos, sino a alguien que se dedica a mirar por la ventana debido a que tiene un impedimento físico a raíz de un accidente –una caída-. Posteriormente en *"Vértigo"*, el mismo actor empezará el film cayendo, sino físicamente, sí mentalmente y, con sus efectos, en su cuerpo. Esta caída es el pecado original, que dejará una inclinación desviada, una inclinación hacia el mal, en el personaje. Tal la representación por parte de Hitchcock. Herido entonces tras la caída inicial, el protagonista no goza por completo de sus facultades, aunque posee el libre albedrío, por lo cual podría no hacer lo que hace, esto es, espiar a sus vecinos por la ventana. El tedio de no poderse mover en un mundo que pide acción y más acción lo lleva no a indagar en sí mismo sino a salir de sí con su mirada a través de la ventana trasera de su departamento, en busca de atracciones. ¿Sabe qué busca o por qué hace lo que hace? Actúa sin deliberar un porqué, simplemente quiere evitar el "aburrirse". Pero el *voyeurismo* no es inocente. Asimismo,

---

[45] Pablo Capanna, *"El mito de la Nueva Era"*, Criterio-Ed. Paulinas, 1993

el espectador de cine, también hijo como aquel de Adán, quiere mirar –algo de lo que nunca se cansa, como ya señaló el Kempis citando al Eclesiastés- y va donde lo diviertan. Pero, es importante señalar que "al convertir al espectador en cómplice y no meramente en testigo, Hitchcock admite y explota la ambigüedad moral de la posición del espectador como mirón" (Perkins). De esta manera, exploraba en la propia culpa, en la figura del espectador como mirón, capaz de atraerse desgracias sobre sí sin ninguna justificación, salvo el deseo de mirar de una manera no inocente.

Lo que contempla el espectador es una ficción, pero la cual al fin puede tentarlo y provocar su caída. Inadvertido ante lo que será capaz de ver, su mirada caída fisgonea en otras vidas pero puede a la vez, el espectador, decidir, seleccionar, como Jeff en la película, lo que ha de ver: erotismo (la vecina sensual que baila semidesnuda), melodrama (la solterona que sueña con su príncipe azul), drama familiar o comedia dramática (la pareja estéril con el perrito y la pareja de recién casados), musical y romance (el pianista que compone una canción) y, por último, el thriller o film de suspenso y policial (Thorwald y su esposa), que alcanza al fin a ser de terror y que termina involucrando al propio Jeff. Véase como se da la secuencia, armada en su vida por él mismo: empieza mirando a la vecina bella como un viejo verde y termina frente a frente con un hombre que es la encarnación del mal y su propio reflejo, en plena oscuridad, en la caverna que se ha convertido su habitación.

Ahora bien, a la vez que Jeff contempla todos estos "films" en su vecindario desde su ventana, como también representan distintas posibilidades que le ofrece la vida, Jeff se olvida o no se anima a contemplar la historia de su vida y lo que acontece en su relación con Lisa (Grace Kelly)[46]. Jeff teme trazar algún tipo de relación o analogía entre lo que ve enfrente y lo que ocurre en su vida. Es más, utiliza lo que ve enfrente para tapar cualquier acto de responsabilidad ante la vida, como si fuera un torpe adolescente que se conformara con mirar las vidas ajenas, reduciéndose, por temor, a la única y exclusiva categoría de espectador. Volvemos entonces a lo que se afirmaba antes, a esa condición de espectador antes que actor del hombre de la gran ciudad. Con esta diferencia que nos señala Hitchcock: en su inevitable condición de criatura caída, el hombre que mira desde la culpa –y esto Hitchcock lo muestra muy bien- se arriesga a atraerse un mal a su vida. El mal que la delectación libidinosa y la curiosidad vana muestra en apariencia como una leve mancha –una simple mirada a una muchacha semidesnuda- se condensan luego en un mal mucho mayor, cuya

---

[46] Si Jeff ha caído como Adán, en Lisa encuentra (o Hitchcock le proporciona) su correspondiente Eva. Encontramos una muy interesante y acertada observación en la Internet: *"Y Lisa, como Eva en el Génesis bíblico, se materializa cuando Jefferies está dormido. Inmediatamente después se sienta en el marco de la ventana obstaculizando la visión de Jeff hacia el vecindario. Lisa al ubicarse entre Jeff y la ventana, pone en acto su voluntad de que éste no mire hacia el afuera, pero tampoco quiere que dirija su "mirada"* hacia su interioridad. La voluntad de Lisa es que Jeff sólo tenga "ojos" para ella" (W. Ferrarotti en su muy interesante crítica *"La ventana indiscreta o la mirada interior",* con quien disentimos no obstante en casi todas sus críticas). De manera que la mujer, al dejarse seducir (por la serpiente), se volvió seductora (para el hombre). De todos modos, al final Lisa le demuestra a Jeff que lo quiere de verdad arriesgando por él la vida. No lo hace tanto por dilucidar el caso, sino para demostrarle su amor. El uso de la alianza o anillo de bodas en dicha escena acrecienta el valor de su obra.

cara ominosa se hace presente frente a Jeff en la fiera figura de Thorwald. Pero también nos dice (muestra) Hitchcock lo siguiente: Jeff ha podido descubrir lo que pasaba en el departamento de Thorwald (un atroz asesinato) por dos razones: primero, porque se ha interesado sinceramente en la mujer de Thorwald, y no porque ésta le resultara atractiva o simpática, por el contrario, sino porque ella se hallaba en la misma condición que él, esto es, enferma e impedida físicamente (a la vez que importunaba a su marido como su novia lo importuna a él). Procedimiento el cual, casi siempre, es el empleado por Hitchcock con respecto a nosotros sus espectadores –y en este film nos encontramos en el mismo lugar que Jeff, es decir que en ese momento Jeff empieza a pensar analógicamente relacionando lo que ve con su propia situación en la vida-. En segundo lugar, Jeff ha tenido que usar de su intelección para observar y relacionar distintos hechos que no ha visto, y sacar conclusiones en base a los datos que la realidad y la razón le ofrecían. Él no vio ningún crimen, como tampoco nosotros (lo más importante ocurre aquí fuera de campo), pero unió diversas "pistas", ninguna de las cuales por sí sola era concluyente de nada. Encontró estas pistas a partir de una teoría, la de que Thorwald había asesinado a su mujer quisquillosa, reconociendo ese deseo de Thorwald luego de haberlo entrevisto en sí mismo. Una persona del todo inocente no llegaría a elucubrar una tal teoría, y no porque no crea en la existencia del mal sino porque no se habría prestado a ese juego del mirar sin ser visto, sabiendo que el mal estaba allí en sí mismo. Pero está claro que la teoría de Jeff la elaboró primero en sí mismo, viendo en Thorwald su lado oscuro. Quizás si Thorwald se hubiese dedicado como él a mirar por la ventana no hubiese llegado al asesinato o no habría sido atrapado. ¿Por qué entonces deja abiertas las ventanas, más allá de que allí hace calor?

Porque Thorwald está enceguecido por el orgullo que se ve aumentado por la rencilla doméstica, y además, porque el mal no conoce algo llamado pudor. El mal actúa en la oscuridad y no desea ser visto, pero Thorwald no se esconde porque para él no existe el prójimo, esto es, el vecino. Y entonces en la seguridad de no ser visto, comparte la culpa con Jeff, en su seguridad de mirar sin ser visto. Porque, al fin y al cabo, espiar por la ventana no le sirvió para impedir el asesinato de la mujer. Cuando Jeff observa que Thorwald lanza una mirada hacia él a través del patio, Jeff se esconde, temeroso, sí, pero culpable. Y, casi como que nosotros retrocedemos también con Jeff en nuestros asientos, luego de haberlo estado observando toda la película. ¿Qué es lo que le queda a Jeff para salvar su vida, frente a frente con el asesino? En la oscuridad, hundido en su silla (como nosotros los espectadores en nuestras butacas), recurre a la iluminación fulgurante y breve –pero enceguecedora para el criminal- de la verdad, porque la luz del flash que le aplica en el rostro a Thorwald no sólo lo ciega sino que detiene su paso. Esta luz que por sus culpas Jeff no es capaz de suscitar más tiempo, no es eficaz para vencer al siniestro Thorwald, pero sí lo demora y esta demora hace que lleguen a salvarlo a Jeff, no sin poder evitar una nueva caída, ya que Jeff tiene que pagar la temeridad de sus malas miradas y sus inopinados desafíos al mal sin saber qué hacer luego con él, por no verse convenientemente pertrechado. En estas cosas, nos diría el maestro, no se improvisa.

Jeff resuelve un crimen, pero, ¿resuelve su vida, o se ata a un tipo de vida similar a la del propio Thorwald? Atención con el final, porque pese al tono ligero Hitchcock no lo resuelve con un típico "Happy end", aunque lo parezca. Porque, en definitiva, sólo saliendo de ese lugar podría ser capaz Jeff de salvarse, porque lo que Hitchcock muestra con esa casa de departamentos es "el mundo", y la solución no está precisamente en él. Se entiende mejor entonces el final de "*Vértigo*", donde Scottie queda solo en lo alto del campanario, con los brazos abiertos en cruz.

Observaciones muy ajustadas nos brinda Robin Wood en relación a la interpretación de Jean Douchet de este film: *"Stella, su enfermera visitante (Thelma Ritter), trata de hacerle ver a Jefferies los peligros de su estado, su necesidad de conocerse mejor a sí mismo: "Nos hemos convertido en una raza de fisgones. La gente debería salir y contemplarse a sí misma"* [47]. Hitchcock parece decirnos que él nos ofrece una forma de observar lo que somos a través de sus películas, sin tener que repetir la experiencia de Jeff –o sólo metamorfoseándonos con él-, quien por cierto no desea contemplarse a sí mismo hasta que parece verse en el rostro de Thorwald que lo mira del otro lado del patio. Lo que ve le da miedo y, frente al culpable, le asesta un faro luminoso, mientras él se tapa los ojos en su oscuridad. La luz no lo ilumina a él, pues Jeff permanece en lo oscuro, tal como ocurre con el espectador de cine, *"la única manera que tiene Jefferies de eludir el examen de su propio estado es espiar a otras personas"*[48] Jeff, en vez de aprovechar esa reclusión a causa del accidente para mirar dentro de sí mismo, sale con sus ojos y mira hacia fuera: metáfora sobre el cine: podemos ver en una película –precisamente en esta que estamos viendo, ahora, "La ventana..."- reflejado lo que somos y comprender el grado de maldad que tenemos.

De esta manera nos ha presentado Hitchcock al espectador de cine, que sumido en la autocomplacencia necesita de

---

[47] Cfr. Robin Wood. "*El cine de Hitchcock*", Ediciones Era, 1968.
[48] R. W., ob. Cit.

"unas buenas sacudidas mentales" para salir de su letargo y, ya que no puede evitar el ser espectador –no en determinado ámbito, no en la ciudad o mundo que Hitchcock nos muestra- recordarle a ese espectador la naturaleza de su acto y las consecuencias que pueden acarrearle. No ya en la pantalla de un cine, sino en su propia vida. Otra consideración de un detalle importante, en palabras de Wood: *"La ventana indiscreta es el intento más intransigente de Hitchcock por encarcelarnos no sólo dentro de un espacio limitado, sino dentro de una sola conciencia. Desde el comienzo de la película hasta el fin, estamos encerrados en el departamento del protagonista, abandonándolo sólo cuando él lo abandona (precipitadamente, ¡por la ventana!). Con una breve excepción (cuando Jefferies está durmiendo, vemos a Thorwald, el asesino, salir de su departamento con una mujer), sólo se nos permite ver lo que él ve y saber lo que él sabe. La excepción es muy importante, en realidad: la mujer podría ser la señora Thorwald, y esto nos enfrenta al hecho de que Jefferies podría estar equivocado: al hacer que la identificación del espectador con la conciencia de Jefferies no sea del todo completa, Hitchcock nos permite sentir precisamente esa pequeña dosis de malestar necesaria para que pongamos en tela de juicio la moralidad de lo que él está haciendo, es decir, nuestra propia moralidad, puesto que estamos espiando junto con él, compartiendo su fascinado y compulsivo fisgoneo"*.[49]

El cine era para Hitchcock una terapéutica, la cual, en el transcurso de un disfrutable espectáculo nos enfrenta como en un espejo, no "cara a cara", con lo que somos, fuimos o podemos ser. Por eso, si Jeff se duerme en un momento del

---

[49] R. W., ob. cit

film, nosotros continuamos despiertos, cosa que el cine ya no nos procura, ese despertarnos ante la inminencia de una nueva caída, esa que a Jeff casi le cuesta la vida. La solución para el espectador está en pensar analógicamente, para saber si lo que está viendo guarda relación con la verdad de las cosas y con su propia vida.

A no dudarlo que cuando el cine es universal (es decir católico, y el cine de Hitchcock lo es), puede obtener las respuestas y formular las preguntas que hay que animarse a hacer. El director plantea las preguntas (vía el enigma o la intriga, el "suspenso") sabiamente a partir de las respuestas que ya tiene. Tiene las respuestas porque ya se ha hecho responsablemente las preguntas que debía. Ahora es el turno del espectador, a quien Hitchcock le pide, también, que trabaje.

EL HOMBRE QUE SABÍA DEMASIADO
(1956)

El mejor instrumento

Como siempre en Hitchcock, se da esta situación: el hombre común –mas, el hombre y la mujer, juntos- que vive complaciente con una realidad que de repente se muestra en su lado oscuro y trastoca esa aparente tranquilidad en que vivía. Es el asalto del mal en su vida, el cual le infiere un saber sobre la realidad que no puede comunicar a los demás o que éstos son incapaces de aceptar (véase, p. ej. "*La ventana indiscreta*").

Un mal que se presenta en principio bajo apariencia de bien, un mal multiplicado en entes falsos que el protagonista irá descubriendo (con estupor y dolorosamente) para seguir vivo. Hitchcock siempre nos muestra el desengaño, él mismo busca desengañarnos desde su altura (el cine, postula en "*La ventana indiscreta*", puede servir para mero regodeo libidinoso o para descubrir una verdad –la verdad- de la que somos parte), desengañarnos, entonces, de las apariencias. La desconfianza que debemos llevar es la que combate al mundo, la que nos hace "prudentes como serpientes", no obstante mostrarnos "mansos como palomas".

Tenemos acá, en esta obra de su madurez, al médico que deberá ir más allá de su oficio (en Marrakesh bromeaba acerca de las facilidades de su trabajo que le permitían tales viajes), porque ahora sólo puede proporcionarle a su mujer una píldora que no calmará toda su angustia ante el secuestro de su hijo: el médico deberá dejar lugar al hombre. La esposa, cantante retirada, deberá ir más allá del ocasional recital a los seguidores de siempre –éstos en actitud idólatra, por tal, ajenos a la realidad–, para, trascendiendo el mero placer auditivo, hacer de ese canto un símbolo cuya otra mitad completará su hijo: una vez recuperada la unidad familiar por el solo canto, la unidad física será concretada.

Por otro lado, están los falsificadores, los "truchos", a saber:

-el falso turista francés amigable;

-la falsa pareja de turistas ingleses;

-el falso cura (es decir, el protestante es un impostor);

-los falsos amigos (ya que no sospechan ni participan de lo que le pasa a la pareja protagónica) a quienes no se puede confiar la verdad;

-el falso oyente del concierto, en realidad el asesino;

-el falso asistente del embajador, que planea el crimen;

-el falso peligro, en lo del taxidermista.

Nada es lo que parece, excepto la angustia que arrastra a la pareja (magnífica) Stewart-Day. Es notorio el contraste entre la situación extrema que viven ellos dos y el jolgorio frívolo de los mundanos que los reciben a su llegada a Inglaterra.

También es notorio el contraste entre el canto exánime y apagado de la "iglesia" y la cantata en el concierto con su gran coro: la vida y la muerte comentadas. La negación en el caso tenebroso del templo protestante, y la afirmación de la vida –que tal es la música- en el concierto que dirige el gran compositor Bernard Herrmann.

Digamos una vez más que el peligro está en los que usurpan un lugar de prestigio o autoridad (diplomático, sacerdote, amigo). La policía, como siempre en Hitchcock, es inútil, no puede con sus métodos dilucidar un mal que debemos afrontar por nosotros mismos en la piel de los protagonistas.

Apuntemos además la inocencia y percepción del chico, ¿está equivocado en relacionar Marruecos con Las Vegas? ¿Y no es acaso lo que Hitchcock rubricaría ese quitar el velo del rostro a la mujer musulmana? En esto también hay una afirmación, como en el hecho de que finalmente la mujer sin hijos de la embajada ayude a liberar al chico. Por otra parte, la intuición de la esposa, el deseo de saber, la curiosidad femenina, se dan desde un comienzo en el personaje de Doris Day. Si hay alguien a quien el menor engaño destruye, pero a la vez fácil de ser engañada, tal es la mujer. Desde Eva hasta nuestros días.

Otro personaje hitchcoquiano: el hombre que toca los platillos en el concierto, que aparece inocente por completo a la cadena de acontecimientos que va a desencadenar. "Desde arriba" se resuelve para el bien.

El mejor instrumento es la voz humana, que hace callar al resto y salva una vida. Para Hitchcock también el mejor instrumento es el cine, capaz de llegar en cimas como ésta a un orden que finalmente se muestra y se impone por sobre todo intento de engañarnos.

EL HOMBRE EQUIVOCADO
(1957)

La Pasión de Balestrero

"Ud. le dice a cualquiera: "El hombre ha sido creado para la contemplación" y el tipo hace una mueca y dice: "No me gusta nada. Eso debe ser muy aburrido. El cielo debe ser un aburrimiento". Y enseguida se levanta de su silla y se va al cine. "Y el cine ¿qué es? Es una contemplación. En el cine nos ponen delante una cantidad de imágenes que tienen un sentido y se pueden entender sin esfuerzo; y eso divierte a la gente, aunque a mí, por ser viejo, ya no me divierte. Porque lo más grande que tiene el hombre es el entender: las entendederas.

Lo que no le gusta al hombre es estudiar; pero entender, eso le gusta a todos."

(Castellani – Domingueras prédicas I).

Contemplar es mirar atentamente, algo a lo que el mundo quiere desacostumbrarnos, y en gran medida el cine (eso si alguna vez tuvimos el hábito, claro). En el cine de Hitchcock reconocemos, en cambio, una demanda hacia nosotros por ese ejercicio de la mirada atenta, por descubrir en la puesta en escena –que es superficie- el sentido de lo que se nos cuenta. Si a esta altura sabemos que en muy contados casos vale la pena ver cine, este "*The wrong man*" es uno de ellos. Castellani hablaba del entender. Pero, amigo lector, si no entendiste tras ver esta película que es NECESARIO rezar y que los milagros existen, y que el tiempo de Dios no es nuestro tiempo, no sé qué más puedo decirte, o de qué forma más bella aún que la que te da el film te lo puedo demostrar. Si crees que por ser cristiano has de sufrir menos que los otros, estás equivocado. Pero sabrás también que no debes desesperar, aunque no veas la salida, porque siempre tienes este recurso de la ORACIÓN.

En el cine contemplamos. ¿Qué? La acción por sobre la contemplación. Los que contemplamos somos nosotros –ergo, sabemos más que los personajes, en cierto momento de la película- Contemplamos –o no, depende de nosotros- el Error. Debemos contemplar: la diferencia entre la mirada caída y la contemplación. Es la abismal diferencia que hay entre la mirada de Scottie en "*Vértigo*" hacia Madeleine, y la mirada de Manny en "*The wrong man*" sobre la imagen del Sagrado Corazón de Jesús. Pues en ese momento en que contempla esa imagen, y en que le ocurre rezar con la conciencia y la confianza de lo que está haciendo como su único recurso, podemos decir que una vez que puso el corazón en ello, contempla la verdad.

Su nombre lo indica claramente: Christopher (Cristóbal, el que porta a Cristo) Emmanuel (Dios con nosotros) Balestrero, es cristiano y como tal vivirá su pequeña pero terrible pasión. Como también se verifica que Dios lo acompaña y escucha sus ruegos. A Balestrero lo llaman todos Manny (es decir, algo así como hombrecito, hombre insignificante que nunca se destaca), aunque significativamente los policías que van a detenerlo suponen que lo llaman "Cris" y así lo hacen. Es el anuncio de la cruz que va a portar a partir de entonces.

Manny (estupendo como siempre, Henry Fonda) es músico, toca el contrabajo en una pequeña y convencional orquesta de un famoso night-club. ¿Por qué el contrabajo? Ya Hitchcock en "*Extraños en un tren*" hacía su cómica aparición portando dicho instrumento. En este caso la aparatosidad del instrumento disminuye la figura de Manny y aumenta la dificultad que representa para él su vida. El doublebass o contrabajo (que ya menta el tema del doble, ese doble de cuerpo suyo presente en este film) es un instrumento que acompaña sin destacarse demasiado, y casi nunca su performance es de "solista". Está allí como Manny pasa por la vida, sin que nadie le preste atención. (Nadie excepto Dios, que parece va a ensañarse con él y va a mostrárnoslo a nosotros, para nuestro y su bien).

La esposa de Manny, Rose (en una de las mejores versiones de la gran actriz Vera Miles) lo recibe con cariño tras la jornada de trabajo, pero sin evitar sus rezongos reiterados por la falta de dinero que no le permite arreglarse una muela que la tiene a maltraer. Sin embargo, Manny la quiere y logra poner un parche a esta diferencia doméstica. Manny tiene una visión más no diremos optimista, pero sí de confianza ante la vida, y se muestra como el verdadero jefe de esa familia que conforman además los dos hijos varones. Y aunque Manny quiere mucho a su mujer, es incapaz de hacerle cambiar su punto de vista fatalista y negativo, diríase que con un complejo de inferioridad que la hace desparramar exigencias a un marido que se sacrifica y no pide más a la vida que esa familia. Manny tiene todavía fe, Rose evidentemente no. El problema está en Rose, no en Manny, pero es un problema compartido. Cuando a Manny lo detienen por error, ella pierde la cabeza y asume toda la culpa de sus vidas. Así es como vive entonces su propia pasión, su calvario, más largo por cierto que el de su marido (ya que Rose se hunde en un abismo, pierde la cordura y debe ser internada en una clínica psiquiátrica).

Veamos más atentamente este tema. Si Manny es inocente del delito que se le imputa, ¿es acaso libre de toda culpa? Recordemos que cuando los policías lo interrogan le mencionan su afición a las apuestas en las carreras de caballos y cómo él cambia su expresión asumiéndose culpable quizás de derrochar el poco dinero que gana –nos recuerda al personaje de Grace Kelly en *"Crimen perfecto"*- y cómo además luego los policías y el fiscal harán uso de ese vicio – que ni siquiera llega a tal en Manny- para sus fines, como siempre sucede. Hay una delgada línea que separa al culpable del inocente. ¿Quién puede reconocerla a simple vista? Nosotros sabemos que Manny no es un delincuente, pero ¿podríamos no confundirlo con el otro, como hicieron las mujeres asustadas? Ciertamente que no usaron mucho de la razón (un ladrón que vuelva a la escena del crimen y descubra sus datos a quienes les robó, suena inconcebible, y sin embargo esta historia fue real). Así, en general, el hombre es dado (y el hombre asustado más) a ver en el otro la culpa, la culpa especialmente que no es capaz de ver en sí mismo.

Manny puede tener sus culpas como todos (el no confiar en la Providencia demasiado y sí en sus cálculos numéricos de las carreras; el no esmerarse para entender a su mujer o infundirle la fe para que ésta no se desmorone) pero ninguna de éstas se refiere al hecho por el cual lo apresan y juzgan. Rose se siente culpable por lo que a él le pasa. Hay acá una transferencia de la culpa –ya que alguien tiene que ser culpable por este hecho, ella lo será, para que el mismo tenga lógica y no sea inexplicable-. Pero esa culpa la hunde a ella en la desesperación y la locura. Ella ha reconocido también su trato quejoso ante su marido, su grado de culpa en su condición de esposa. Y por ello debe pagar. Pero en vez de buscar el perdón no espera ya nada. Y, como en el matrimonio son dos que forman uno, Manny podrá salir finalmente libre de esa culpa pública que se demuestra no existió, pero deberá purgar –por el lado de su esposa- la culpa de ese matrimonio que parecía feliz pero a punto de entrar en una crisis que ese hecho precipitó e hizo se derrumbara. Dos años después, saldrá Rose ya recuperada y podrán reiniciar su vida lejos de allí. Pero, por supuesto, no podrán antes soslayar el dolor. Cuando Manny va a darle la buena noticia de su liberación al internado y encuentra a su esposa triste y distante, dice lastimosamente: "Esperaba un milagro". A lo que la enfermera responde sabiamente: "Suceden. Pero hay que saber esperarlos".

Vamos a ver algunos recursos y detalles de la puesta en escena hitchcoquiana:

-Utiliza el blanco y negro que entristece los espacios, los cuales mediante un encuadre preciso parecen plegarse y abrumar a los personajes en su desdicha. Pero, eso sí, aunque es un drama secreto, ajeno al resto del mundo indiferente, el estilo nunca es "naturalista" ni falsamente despojado ni frío. Un crítico bastante poco imaginativo, H. Agel en un libro llamado *"¿El cine tiene alma?"*, dijo: *"Entre los artesanos ya veteranos del séptimo arte hay quienes persiguen un itinerario espiritual con rigurosa probidad, como Hitchcock, quien nos ha dado una obra casi bressoniana en "The wrong man""*. Error. Nada más distinto que este Hitchcock y cualquier Bresson. Es fácil verlo: el cine de Hitchcock no nos invita a imitar a sus personajes (como tampoco el de Bresson), aunque sí nos lleva a identificarnos con ellos, es decir, jamás nos lleva a mirarlos fríamente, distantes, sino que somos capaces –si queremos- de reconocer lo que hay de ellos en nosotros. No deseamos identificarnos positivamente, no encarnan la fuerza, la honorabilidad etc. (ídem con Bresson) pero tampoco la más baja abyección y desprecio. Son débiles como nosotros, no sólo como ellos; pecadores en circunstancias en que sus vidas (y sus almas) corren peligro. Bresson, como buen francés, nos resulta ajeno (tal vez a excepción de *"Un condenado a muerte se escapa"*, por razones obvias). Hitchcock es católico romano, Bresson, jansenista.

-El abogado de Manny es un inútil, como la policía (el verdadero ladrón es atrapado por el coraje de la dueña de un negocio). El juicio es una verdadera payasada que Manny atraviesa sosteniendo (o sostenido por) un rosario. Hasta el jurado es inicuo, y cuando todo resulta una burla por un error en el procedimiento, se suspende el juicio. Finalmente, entonces, no han podido declararlo, formalmente, culpable, aunque todos lo dieran por tal.

-Manny es, alternativamente a lo largo del film, un músico profesional, un solitario pasajero del subte, un esposo y padre de familia, un hijo, un sospechoso, un procesado, un esposado, un presidiario, un juzgado. Sólo dentro de su celda en la cárcel deja de ser todo eso para ser sólo él sin ningún atributo, abismado y solitario como su mujer (y acá Hitchcock usa el recurso de la cámara que gira sobre su rostro, tan incomprendido por el turulato de Truffaut, y luego homenajeado por De Palma. Ese era el único recurso que tenía Hitchcock, pues la procesión tormentosa de Manny le iba por dentro, y su rostro no era capaz de mostrarla como es debido).

-Ni bien Manny sale por primera vez del night-club para volver a su casa, en la vereda camina a la par de dos policías que parecen encerrarlo. Lo que parece obra de la casualidad, prefigura en realidad su posterior condición. Todo funciona en Hitchcock de esta detallada manera (ya había hecho algo similar en "*Blackmail*", al comienzo de su carrera).

-Cuando Manny va a pedir un préstamo a la Cía. de seguros, las empleadas lo ven a través de la reja que cubre la ventanilla de la caja. Desde entonces lo sentimos condenado.

-En la primera escena, al llegar de madrugada Manny a su casa, detrás de la otra calle un metro o tren urbano la cruza a toda velocidad. Veremos otro cuando el abogado lo atienda en su oficina. Medio de transporte que corta ruidosamente la calma silenciosa de la escena primera y cumplirá función análoga en la segunda, esto es: algo anda mal. El abogado de buenas intenciones es bastante inútil, comienza interrogándolo simétricamente (amablemente, eso sí) de la misma manera que los policías al tomarle declaración en el precinto (que así le llaman los yanquis a nuestras seccionales o comisarías).

-La escena en que se desarrollan los títulos del film (acompañada por una música alegremente inofensiva) equivale a uno de los tan celebrados travellings del maestro (v. g. el que nos conduce al baterista culpable de "*Young and innocent*"). Pero acá se da por descontado que el film no lo requiere. Nos acercamos a Manny cuando la gente que baila y lo está tapando desaparece, y luego en un plano entero lateral, sin estridencias. Cuando Hitchcock realiza uno de estos inusitados movimientos de cámara (como el citado o el de "*Notorious*" hacia la llave en la mano) lo hace para mostrarnos algo que el resto de los personajes no conocen. En este caso hubiese estado esa tentación (como bien aplicado está ese travelling inicial en "*After hours*" de Scorsese[50]) pero Hitchcock no quiere que la cámara lo acose a Manny: aún es dueño de su destino. Luego, en el breve lapso en que viaja hasta su casa, nos enteramos de que: este músico está casado y no tiene auto pero le vendría bien uno; le gustan las carreras de caballos o las apuestas; se llama Manny; en el bar en que desayuna se escucha de fondo una sirena policial, premonitoria; tiene sus rutinas; tiene dos hijos a los que quiere y una esposa que tiene algún problema. Esto antes de que ella le explique lo del dolor de muelas y demás. ¿Cómo es esto último? Bien, al llegar Manny a su casa abre la puerta del cuarto de sus hijos y los ve iluminados a través de la luz que llega desde el pasillo donde él está. En cambio, al abrir la puerta del dormitorio para ver a su esposa, lo vemos desde adentro, en primer lugar, la oscuridad absoluta de la habitación y luego a Manny que entra y demás. Este plano servirá además para que, en simetría con otro posterior, Manny descubra que su esposa atormentada ya no duerme por las noches.

-Otro detalle nada "realista" en la forma de filmar: vean cómo Manny "cierra" la puerta de su casa cuando llega por primera vez. Sólo la mímesis y el efecto sonoro, no hace falta más.

-La banda sonora está marcada por el sonido de un contrabajo, instrumento de Manny. Sobre el final, en cambio, se

---

[50] Director de talento pero blasfemo, al que no recomendamos en absoluto, más allá de su clásico *Taxi Driver*.

escucha un arpa.

-Uno de los negocios adonde Manny es llevado para su reconocimiento tiene en su puerta una etiqueta con una cruz; el otro negocio muestra en su vidriera un gran pez. La cruz y el pez: símbolos del cristiano que marcan el itinerario de la pasión de Balestrero.

-Todo es doble en esta película: dos son los policías que lo van a detener; dos las tiendas de bebidas donde se debe pasear; dos los hijos que tiene Manny; dos las botellas de leche que recoge de su puerta; dos los testigos que debe buscar y no encuentra; dos las niñas que lo reciben tras una puerta; dos los juicios que debe soportar (casi, y allí se corta el número, cuando el Manny número 2, el verdadero culpable, aparece).

-Manny y las mujeres, así es de complicada su relación: su mujer le da reproches ni bien este llega cansado a casa de trabajar; un grupo de mujeres lo acusan de un robo; su mujer enloquece y lo golpea; las otras lo llevarán a la cárcel. Finalmente, una mujer, su madre, sostendrá con él este diálogo:

"*- ¿Rezaste, hijo? ¿Por qué rezaste?*

-Recé por ayuda.

-Reza porque Dios te dé fuerza…Hijo, te ruego que reces.

-Debo ir a trabajar."

Manny hace como todos los hijos ante sus madres cuando éstas les dicen que se abriguen antes de salir: primero se niega, pero después afloja. Y así al pasar ante la imagen de

Cristo, Manny se detiene y decide rezar y entonces...la última mujer, la dueña de un negocio, se defiende y atrapa al verdadero ladrón. Distintas clases de mujeres, las que no piensan, las que se asustan, las que son valientes, las que usan el sentido común.

-Emotiva la escena en que luego de ser liberado mediante fianza, Manny regresa a su hogar y habla a solas con su hijo mayor. Significativa la de su mujer enloquecida que rompe con un cepillo un espejo y éste divide a Manny en dos. Ella no sabe más quién o cuál de ellos es su esposo porque no sabe más quién es ella misma.

-Vera Miles (quien no pudo protagonizar *"Vértigo"*) muestra algo de lo que después se verá en la ficción con Madeleine (Kim Novak). Cuando bajan del auto con Manny para ingresar en la clínica psiquiátrica, nos parece una amarga escena de *"Vértigo"*, donde Scottie golpeado también por la culpa desespera y se hunde en el mismo abismo.

-Según el procedimiento judicial, en el juicio a Manny los testigos deben identificarlo a éste colocándole una mano en el hombro. Otra forma de mostrar el beso de Judas, la condena del inocente. Inmediatamente luego de mostrar esto, Hitchcock coloca un plano detalle del crucifijo del rosario en las manos nerviosas de Manny.

- ¿Qué tiene que ver Manny con el típico mirón hitchcoquiano? Manny padece de lo contrario. Es un hombre de familia (como el Stewart de *"El hombre que sabía demasiado"*) pero, ¿se ha detenido un poco a contemplar lo que pasa con su esposa? Su instrumento es el oído, y privilegia tal enseñándoles música a sus hijos. Pero, ni bien sea detenido, forzosamente, Manny no dejará de mirar, y cosas que no le gustan. Stewart quería ver demasiado (en "*Vértigo*" y "*La ventana indiscreta*") y se encuentra con problemas. Manny mirará a la fuerza cómo es mirado él. ¿Cuándo mirará como se debe? Cuando se encuentre de frente con la imagen del Sagrado Corazón, su sombra junto al cuadro como un primer plano y la mirada fija en él.

-La vida cristiana, según vemos aquí, encierra un sentido trágico. Aún en esa especie de felicidad doméstica hay un precio que pagar, hay culpas que expiar, hay pruebas que pasar y hay que sufrir. Y el mundo, contra toda razón, se ensañará siempre con el más débil, aquel que en el fondo tiene consigo toda la fuerza.

Hay algunos que se fían demasiado de las declaraciones de un director para juzgar peyorativamente (o lo contrario) una obra. Si hay alguien a quien no tenemos que seguir a la letra ese es Hitchcock, no porque sea mentiroso o "jesuítico", como creen algunos que ven en ello una virtud, olvidando que San Ignacio no inventó el jesuitismo moderno sino que tuvo la misma astucia que predicó Cristo, como aquello de "no arrojar las perlas a los cerdos", porque la verdad es muy valiosa y no hay que darla a los que no la desean con el alma, y que el Padre Castellani aconsejaba de esta manera: "Tres veces piense su hablar/ Y de tres, una vez hable-/Guarde reserva invariable/ Mentira jamás dirá,/Y ni siquiera verdá/ Que no sea indispensable"; Hitchcock llegado el caso decía algo inmensamente desproporcionado y ridículo para sacarse de encima ya hastiado a los periodistas que eran tan necios como para creer a pie juntillas lo que escuchaban, como cuando dijo: "Todos me preguntan qué se supone que le pasa a James Stewart tras el final de Vértigo. Lo más probable es que comenzara a hacerle el amor a la monja". Es decir que no les arrojaba perlas a los cerdos -las perlas estaban en su film- sino comida chatarra para salir del paso. El jesuitismo moderno en cambio, apunta a manipular y sostener un poder determinado por el poder mismo, como escribió Gómez Dávila: "La Iglesia al caer en la tentación del jesuitismo, comienza utilizando y acaba utilizada". Para entender lo que es el jesuitismo piénsese en alguien como Fidel Castro –educado también por los jesuitas- perfecto ejemplo del jesuitismo más descarado. Es decir que Hitchcock decía las cosas de acuerdo al interlocutor (y convengamos que la zafiedad de los periodistas suele ser irritante). Hitchcock podía decir mucho sobre los recursos técnicos de que se valía, pero poco y nada en cuanto a las ulteriores consecuencias o implicaciones trascendentes de sus films. Algunas veces, sin embargo, descubrió algún grado de intimidad con respecto a esas obras siempre incomprendidas y subvaloradas. Como cuando dijo a Chabrol y Truffaut *"Tiendo a realizar films serios y profundos"* o *"Soy yo. Es mi alma la que introduzco en el tema del film. Este me pertenece"* y, finalmente, lo que apuntábamos:

"P: En muchas conferencias de prensa, ha afirmado que sus films americanos eran todos malos. ¿Lo piensa así?

H: No, no. Eso no es cierto.

P: ¡Pero, sin embargo, usted lo ha dicho! ¿Por qué?

H: Depende de los periodistas de que se trate."

Y dijo en otra ocasión el director inglés que *"mi amor por el cine es más importante para mí que cualquier moral"*. Pero en su cine se ve que no es así, y aquello lo había dicho en respuesta a un crítico de cine que lo había criticado por mostrar el voyeurismo en *Rear Window*. De modo tal que hay que tener cuidado al analizar precipitadamente las cosas. En todo caso, conviene sí seguir este consejo de Hitchcock: *"Si de veras quiere entrevistarme, tendrá que entrevistar a mis películas."* Es lo que preferimos hacer.

Con respecto a la falla que Hitchcock "encuentra" en este film -acicateado por el circunciso de Truffaut-, esto es, la falta de humor, es cierto que no lo hay, ni siquiera en su inicial y acostumbrada (y voluminosamente ostensible) aparición en la obra, pero, ¿hubiera sido posible en una pesadilla? Es como poner humor en la Pasión de Cristo. Así como tampoco lo hay en *"Vértigo"*, su gran obra maestra. El humor está en el después de la historia y, en todo caso, debemos ponerlo nosotros.

Para terminar, diremos que algunos tontos, algunos críticos necios que siempre tienen su espacio en los grandes medios, gustan aún hoy (con algún grado de envidia, es cierto, pero también de grave irresponsabilidad) de atacar a Hitchcock acusándolo de "sádico" o hasta de ser lo contrario de "un hombre bueno" (justamente a raíz de la severa educación católica recibida en su infancia). A tales irresponsables vamos a responderles con esta vera afirmación incontestable del padre Sertillanges: *"La verdad se llega a los que la aman, a quienes se someten a ella; y este amor no existe sin virtud"*.

VÉRTIGO
(1958)

Las dos torres

Alfred Hitchcock es el más famoso y el más desconocido de los directores de cine. Que tal paradoja no es infrecuente nos lo recuerda el ilustre caso de Charles Foster Kane y su añorado trineo. Sin embargo, "el lado oculto del genio" no se encuentra husmeando en macabras confidencias de alucinados biógrafos, ni en reveladoras, enigmáticas y postreras palabras susurradas en el lecho de muerte. Alfred Hitchcock, como todo gran artista, se reveló de forma indirecta en su obra; una obra que no tuvo por fin revelar a Alfred Hitchcock. Su fin fue revelarnos a nosotros mismos, en tanto que espectadores en el cine y en la vida.

Nacido en un suburbio de Londres un 13 de agosto de 1899 en el seno de una familia católica (decir católica practicante era casi una redundancia por entonces), y esto en una Inglaterra donde esta condición era vista, como afirmara el mismo Hitchcock, como una especie de excentricidad, la estricta educación de los jesuitas (cuando todavía eran católicos), y la estricta educación de sus padres lo marcaron para siempre. Asuntos nada fútiles como el bien y el mal, el pecado original y el sentido del orden, más allá de su elección deliberada o no, aflorarían en su visión del mundo film tras film, acendrando su mirada que no es otra cosa que su estilo. El sentido del humor –muy, demasiado inglés- reportaría asimismo en sus films donde la aventura física habría de tornarse metafísica, y la persecución, y los enigmas, sendos móviles para descubrir al hombre, criatura caída y fascinante cuyo sino es la lucha.

Apodado por los expendedores de noticias como "el mago del suspenso", ya famoso y en la mitad de su carrera recaló en "la meca del cine" llamada Hollywood, donde lo extraordinario estaba a la orden del día, y el suceso comercial era ganancia de respeto, no así de prestigio. Es sabido que nunca le fue concedida la famosa estatuilla denominada Oscar, especie de canonización profana de la prepotente industria cinematográfica. Tal vez la falta de una corriente crítica seria abonó la posterior caída de Hollywood, que de maestros sólo "entretenedores" pasó a tener "artistas" que ya no entretenían, y más bien corrompían.

Dieciocho años después de su llegada, a los cincuenta y ocho de edad, arribaría a la cumbre de su larga carrera, sin que críticos ni espectadores se enterasen. "Vértigo" es hoy un clásico, como lo son "Macbeth", "Antígona" o "Ligeia". Los que se dan por enterados en gran parte explican su fascinación del mismo modo que Scottie, el protagonista, padece la suya. Los que aún no se han enterado de que existe "Vértigo" arguyen cronológicamente su desinterés o desatino; tal vez piensen que es mejor que pasen doscientos años más para darse a afirmaciones que hoy les parecen temerarias.

Alguna vez escribió el ruso Nicolás Berdiaev que el cristianismo era una religión del rescate. El cine –es decir, el cine norteamericano- siempre lo supo. En el buen sentido y en el sentido siniestro que fagocita aquello que antes ha falsificado. Así que si Griffith –hasta decir basta- o Ford –con sus "The searchers" y "La diligencia"- dieron forma al sentido diestro del rescate, mientras que muchos otros –a veces inclusive Griffith y Ford, contradictorios- ajustaron sus rescates al liberalismo norteamericano, ya sea con sus marines o sus puntuales tropas de caballería, en los últimos años se ha hecho más ostensible que el rescate es la salvación que el hombre le concede al hombre, y los salvadores encarnan en el pueblo elegido (USA) o en figuras superheroicas de poderes sobrenaturales. Desde "Rescatando al soldado Ryan" o la saga de "Terminator" hasta "Superman" o "Hellboy", los falsos salvadores son legión. En estos últimos tiempos, más allá del cine, el rescatista o salvador ha encarnado periodísticamente en la figura de la *Federal Reserve*, que tiende su mano bienhechora a una Nación a la que antes ha colocado en el pozo (el pozo de la iniquidad, para decirlo en el lenguaje tétrico de los films de horror). Excepciones excepcionales en el cine de los últimos años han sido "Apocalypto" y "La Pasión de Cristo", películas católicas hasta la médula. Católicas como las de Alfred Hitchcock, pero de muy otra manera.

En "Vértigo", el demonio -Gavin Elster- sabe cómo tentar y perder a un hombre. Primero, conoce a aquel a quien desea engañar. Sabe que el hombre se mueve hacia un fin, y que ese fin que busca es algo que reconoce como un bien, pero, criatura caída como es, no puede por sí mismo –con su "libre interpretación" de la realidad- descubrir la verdad o falsía de lo que tiene enfrente. Segundo: sabe que Scottie (James Stewart, en una de las mejores interpretaciones del cine de todos los tiempos) como todo buen caballero, ha de ir al rescate de aquella a quien ha hecho su "dama", en este caso

Madeleine (Kim Novak en manos de Hitchcock). El demonio, mentiroso siempre, urde una fantasía con retazos de verdad que el Quijote degradado de Scottie –en sus correrías salvadoras por tierras de una antigua catolicidad que retorna en su topografía edilicia- contribuye a hacer realidad: la locura queda entonces a un paso de aquel iluso que soporta solo el peso de la culpa sin la espera de un Redentor. Hoy el caballero es un conflictuado detective que persigue a una misteriosa dama que en realidad apenas es una zafia hembra, que, en el fondo, aunque no se dé cuenta, desea ser rescatada simplemente como mujer. Pero hoy no son posibles las hazañas del caballero ni las hazañas del Quijote porque, evidentemente, la sociedad no es cristiana. Hoy no hay sino rescates del cuerpo, no del alma…Salvo cuando osa intervenir la divina Providencia, que espera en silencio y demanda una respuesta del hombre, que acaso nunca sepa darla. En todo caso, no puede vencerse la caída original sin la gracia. Por eso a Scottie subir a la torre no le vale de nada… excepto que entienda que esa pérdida y esa cruz son una gracia.

Hitchcock, por otra parte, rescata con su film en forma sublime aquello que nos permite el diálogo con su obra: el símbolo, en genial oposición a la alegoría. Asimismo nos hace mover de una torre a otra, de la lujuria a la ascesis, de la mentira a la verdad, del símbolo sexual al símbolo trascendental.

Esa forma de abordar el cine le permite darse el lujo de decirnos lo mismo que nos dice el Kempis: *"Si mirares solamente a la apariencia exterior de los hombres, presto serás engañado"* (L. II, Cap. VII), aunque Hitchcock, como hacedor de cine, nos lleva a descubrir la misma verdad sólo con las imágenes, sin necesidad de palabras.

El orden que se impone por sobre la imaginación descaminada triunfa además con la superación del mito pagano (Madeleine o la Esfinge de Tebas) por un misterio verdadero, trascendente, vertical, vuelto forma en la torre de una iglesia católica. El amor platónico es vencido de un solo golpe mortal, por la caridad cristiana.

La inolvidable música de Bernard Herrmann –con reminiscencias del "Tristán" wagneriano- contribuye como pocas veces a identificar al espectador con el estado anímico del protagonista, un emotivo perdidamente enamorado que podría repetir con Bécquer en sus rimas

"Dimos formas reales a un fantasma, de la mente ridícula invención,

y hecho el ídolo ya, sacrificamos en su altar nuestro amor".

"Vértigo" es un film sombrío, sintético, subyugante, riguroso, difícil, grande e inagotable. Probablemente el más bello film jamás realizado.

PSICOSIS
(1960)

El Cine

"En arte, como en cocina −y no en vano la cocina es un arte−, antes que los ingredientes interesa lo que el marmitón o la comadre hace con ellos. Si se quiere hablar de filología y con símiles de no menos gustosa suculencia, en el estudio de lo que en las Facultades de Letras se llama las fuentes literarias de los autores, lo que importa no consiste en saber cuántas son esas fuentes o de dónde derivan. El efectivo problema crítico consiste en precisar lo que en buena o en mala hora el autor indagado atinó a conformar (a formar por modo conjunto, indiviso) con los materiales recibidos. Por cierto que tampoco en esto faltan sorpresas. Hay quienes con arroyuelos acaudalan verdaderos océanos".[51]

Ángel Battistessa

---

[51] Ángel Battistessa, "Presencia humana en los textos literarios y no literarios", en *El prosista en su prosa*, Ed. Nova, 1969.

Alfred Hitchcock trabaja alrededor del eje sobre el cual gira el mismo cine como forma, esto es: la mirada sobre los otros y sobre las cosas, y la manera en que la contemplación enviciada, esto es, la mirada caída y pecadora, la "concupiscencia de los ojos", ha reemplazado en nosotros –espectadores- la sana contemplación para la que nos ha hecho Dios.

"La contemplación –afirma Castellani- *es lo único que puede dar la felicidad imperfecta en esta vida, y perfecta en la otra: la contemplación de Dios, que nos hará no solamente parecidos sino amalgamados a Dios"*. La contemplación de la verdad que se nos intenta esconder en este mundo, verdad primera acerca de nosotros mismos. Contemplar las vidas ajenas mediante artificios estéticos narrativos puede ayudarnos a comprender eso que hay en lo profundo de nosotros, nuestras limitaciones, nuestra oscuridad, y los caminos o desvíos que debemos evitar. *"Psicosis"* es la historia de cómo tras la caída viene el desvío por el mal camino –literalmente hablando- y el horror que nos aguarda sorpresivamente en él, siempre y cuando no rectifiquemos el rumbo a tiempo. A veces puede ser tarde para huir de las graves consecuencias que nos acarrea el mal que hacemos.

Quienes no disciernen demasiado acerca del cine como forma –y no los culpamos por ello, sí en todo caso de opinar irresponsablemente-, suelen destacar el argumento en detrimento del tema de un film, el cual generalmente se les escapa sin haberlo visto. Ya decía Hitchcock que le dieran primero el tema y de allí fácilmente saldría un argumento. El tema se desprende de la puesta en escena y de la forma total del film, que son quienes deciden la adopción de un argumento que se presta a servir mejor a la presentación formal de un determinado tema. La forma elige un argumento, mas no su tema, que pre-existe ya en el creador. Hitchcock decía a propósito de "Psicosis": *"En un film de este género, es la cámara la que hace todo el trabajo. Pero naturalmente, no se consiguen necesariamente las mejores críticas, pues los críticos no se interesan más que por el guión. Hay que dibujar la película como Shakespeare construía sus obras, para el público"*.

No hay dudas de que "Psicosis" era el film que más conforme lo dejó a Hitchcock, debido a que su madurez creativa se dio de la mano con el control absoluto sobre el film: la producción barata clase "B", filmada con un equipo técnico de la TV, los actores eficientes pero no estrellas, los mejores colaboradores a su servicio, todo redundó en un mayor poder de su parte para hacer el film perfecto, ése por el cual se aprende, escena a escena y plano a plano, a comprender qué es el cine. Brevemente abordaremos algunos de los elementos desde los cuales puede ahondarse en el mismo: el voyeurismo; la inocencia y la culpabilidad; el mirar y el ser mirado; lo vertical y lo horizontal; el tema del doble; el cambio del punto de vista; el suspenso y el terror; el fuera de campo que acecha a los personajes; la inversión de sentido o función de los personajes. La construcción de este film es tan hábil que el mismo Hitchcock afirmó: *"Lo que ha emocionado al público era el film puro (...) Y esta es la razón por la cual mi orgullo relacionado con Psicosis es que este film nos pertenece a nosotros, cineastas (...) más que todos los films que yo he rodado. No conseguirá tener con nadie una verdadera discusión sobre este film en los términos que empleamos en este momento. La gente diría: 'Es algo que no hay que hacer, el argumento era horrible, los protagonistas eran pequeños, no había personajes...' Esto es cierto, pero la manera de construir esta historia y de contarla ha llevado al público a reaccionar de una manera emocional"*.[52] Veremos de qué manera se implican las emociones con la forma del film y lo que éste nos muestra. Por qué la emoción del orden estético se nos aparece cuando descubrimos –al arribar al clímax del film- la construcción perfecta, la inteligencia detrás de todo ese orden, el intelecto que comprende a un sabio autor detrás de lo que vemos alcanzar la cumbre de su obra.

Comencemos:

-**Fisgoneo**: Para Hitchcock, el espectador es un *mirón* potencial. Paga para mirar una ficción, pero podría en cualquier momento actuar como lo hacen sus personajes. Está en nosotros ese germen que nos lleva a curiosear donde no debemos, pero también somos capaces de darnos cuenta de que somos inducidos a mirar. Y al mirar una película lo hacemos compartiendo el punto de vista de los personajes o sabiendo más que ellos. Cuando la cámara se mueve somos arrastrados por ella y las imágenes que captura. En *Psicosis* somos consecutivamente Marion Crane que es acechada por las miradas de los distintos personajes; somos el policía y el vendedor que la miran examinándola; y somos Norman

---

[52] *"El cine según Hitchcock"*, Hitchcock-Truffaut. De otro modo, Georges Simenon hablaba de la "novela pura" en un sentido semejante: "La novela "pura" sólo hará aquello que puede hacer la novela. Quiero decir que no debe enseñar ni hacer periodismo. En una novela pura nadie ocuparía sesenta páginas para describir el Sur o Arizona o algún país de Europa. Sólo estaría allí la tragedia, y sólo lo que fuera una parte de esa tragedia. Lo que pienso de las novelas actuales es casi una traducción de las leyes de la tragedia a la novela. Creo que la novela es la tragedia de nuestra época" (*Confesiones de escritores, Narradores 1*. Editorial El Ateneo, 1996).

Bates que la mira desvestirse a través de un agujero practicado en la pared. En este juego de miradas se decide lo que queremos ser: si miramos escondidos a una mujer desvestirse, si miramos con avidez y urgencia el dinero como Marion, o si miramos con inocencia y determinación en busca de la verdad, como Lila. Hay quienes son incapaces de ver, tal vez enviciados por la rutina de su oficio: el detective y el jefe de policía. Y está la mirada muerta de la Señora Bates, la mirada de la muerte horrible que provoca el pánico, porque el horror lo es justamente porque ya no tiene mirada. Y ese no tener mirada para con el otro permite acabar con él. De allí la ceguera en la mirada de Norman cuando acaba con Marion: no puede fijar su mirada en ningún punto de su cuerpo, por eso al ser poseído en su frenesí por quien no tiene mirada (la Madre) debe matarla.

El estado de mirón del espectador -en oposición al verdadero contemplativo-, ese regodeo de la mirada cuyo mayor ejemplo es Norman Bates (a la manera de un ave de presa que mira a quien será su víctima, la misma mirada del hombre de hoy que, a través de la sofisticación técnica, mira sin caridad a quien desea poseer y usar), puede observarse en la situación final de Norman dominado del todo por su "Madre", y su voz que reconoce que será mirado y a la vez se dedicará a mirar, pues ya no puede hacer otra cosa. Los ojos muertos que han perdido la vida de tanto mal mirar –la fijeza del ojo de Marion asesinada que aparece tras el abismo negro del agujero de la bañera; el ojo del detective que es acuchillado; los ojos vacíos de la calavera de la madre de Norman; los ojos de los pájaros disecados que no pueden ver nada.

Piénsese además en este detalle que nos da a entender este carácter no inocente de la mirada y que, además, como bien señaló el autor citado, es "un preludio de la muerte": para mirar a Marion desnudarse antes de ir a la ducha, Bates descuelga un cuadro de su oficina debajo del cual hay un orificio en la pared, realizado evidentemente para espiar a todas las mujeres a las que dio hospedaje allí (es notorio y sutil a la vez el detalle de Norman escogiendo la llave de la habitación número 1 cuando recibe a Marion). El cuadro que Norman descuelga representa el episodio de la casta Susana acosada por los ancianos que relata el libro de Daniel, capítulo 13 (es una pintura de Frans van Mieris del siglo XVII). Dice así la Sagrada Escritura: *"Y cuando al mediodía se iba la gente, entraba Susana a pasearse por el jardín de su marido. Veíanla los viejos cada día cómo entraba a pasearse; e inflamáronse en malos deseos hacia ella, de tal manera que pervirtieron su mente y desviaron sus ojos para no mirar al cielo ni acordarse de sus justos juicios"*[53]. Los dos ancianos eran además jueces del pueblo, de manera que luego iban a abusar e invertir su función realizando una injusticia contra la justa mujer temerosa de Dios; de la misma forma que Bates va a invertir su función de anfitrión no sólo violando la intimidad de su huésped, sino matando en esa forma de violación simbólica a quien quería volver a ser "limpia y casta", sólo que por las suyas y sin la gracia. El hecho de la inclusión de semejante cuadro es un comentario moral contundente –y a la vez irónico- de parte de Hitchcock.

Leemos luego en Daniel: *"Quedaron, pues, ambos heridos de pasión por ella, pero no se comunicaron el uno al otro su pasión; pues se avergonzaban de descubrir su concupiscencia y deseos de pecar con ella"*. Heridos de pasión

---

[53] Dn. XIII, 7-9. Versión Straubinger.

por ella, como Sam y Norman: el primero habiendo accedido al jardín ya no cerrado del cuerpo de Marion, el otro buscando lo mismo torcidamente y a la fuerza. La pasión encendida por sobre la razón y un desenlace lógico: Marion recayó en el motel Bates porque no era la esposa de Sam, sino una amante deseosa de alcanzar su pasión a cualquier precio, de la misma manera que los ancianos del libro de Daniel. Norman, por otra parte, mira por el agujero en la pared y nosotros vemos lo que mira, de la misma manera en que nosotros miramos en la primera escena; nosotros podemos desear lo mismo que Norman, eso que Hitchcock no necesita mostrarnos. Por lo tanto ¡ojo!

-Horizontal y Vertical: La pugna entre ambos sentidos ya está dada desde los títulos de crédito del comienzo desarrollados por Saúl Bass, con ese corte violento de las letras y la música de Bernard Herrmann adicionándoles esa virulencia que le aporta la orquesta exclusivamente de cuerdas. El destino de Marion parece estar señalado tempranamente: su deseo es estar unida más tiempo con su amante – así comienza ella el film- y no sólo muy de vez en cuando, en horas de la siesta y la pausa del trabajo; es decir, dejar de ser una mujerzuela para convertirse en una mujer respetable, en una esposa; para eso roba el dinero y se traslada horizontalmente en su auto hacia la "felicidad". Pero no puede conseguirse una situación de "normalidad" a través de un acto "anormal". El pecado no conduce a la virtud. Ya el cuadro que Marion tenía detrás de ella en la oficina (un paisaje desértico) nos había advertido sobre la aridez de su alma que desea ser regada, contrastando con el más habitable paisaje aunque un tanto convencional de la montaña y el arbolito que cuelga detrás de su compañera de trabajo, ya casada (personaje que interpreta la hija de Hitchcock).

En su parada en la ruta, antes de ser abordada por el policía, vemos el auto de Marion junto a un poste vertical, desde entonces aumentará sobre ella la persecución. La noche traerá la lluvia vertical y el desvío de ruta hacia el motel Bates. La forma horizontal del motel parecerá tranquilizarla, sin embargo junto a él la antigua mansión gótica, vertical y siniestra, contendrá en sí su perdición. La lluvia nuevamente —esta vez el agua de la ducha, prefigurada en la lluvia inicial- será el preámbulo del asesinato que actúa a manera de violación y que, a la manera de picotazos ciegos y furiosos, penetrará el cuchillo su carne repetidamente. La cortina del baño, abierta de golpe por el asesino como un telón, cae luego verticalmente al aferrarse de ella Marion, en su caída final.

Bates hundirá el auto de Marion en la ciénaga, el mismo vehículo que sobre el final será levantado y extraído con una grúa: movimiento simétrico con el del comienzo, donde la cámara se introduce en el edificio, entrada y salida al fin de la historia. Siempre se sale hacia arriba.

-**La culpa**: Es notable y evidente en el cine de Hitchcock la presencia de este tema. No ya de la culpabilidad criminal que se somete a juicio, sino además la de los individuos que cobran callada conciencia de la misma, aunque parecen no querer admitirla.

En principio, Marion se ha desviado moralmente del buen camino; mira los billetes que ha robado sobre su cama con mirada culpable, la oscuridad de su porvenir parece adivinarse en su semblante serio y preocupado. De hecho, en ya muy destacado detalle, Hitchcock hace ahora que ella lleve ropa interior negra, cuando en la escena inicial la llevaba blanca; pero atención, no porque Hitchcock pensara que ella no cometía por entonces un pecado –puede pensarse-, sino porque ella misma se creía inocente, y ahora se carga conscientemente de una culpa (que proviene del anterior pecado, que la incitó a este otro del robo), y ya entonces esa negrura no podrá sacársela de encima, por el contrario, aumentará mediante su atormentada imaginación, las voces en off que escucha, la mirada de su jefe que se cruza con la suya, la mirada impenetrable del policía tras sus anteojos oscuros, la llegada en la noche oscura y tormentosa al motel Bates. La ducha no servirá para expiar sus culpas, porque somos culpables ante Dios y sólo Él puede limpiarnos de nuestros pecados. Un acto de contrición es necesario.

Tras este desvío inicial (llamémosle "desvío de fondos"), Marion se desvía del camino que habitualmente la lleva a su trabajo, para tomar el camino fuera de la ciudad. Pero allí mismo vuelve a desviarse: ese desvío la conduce al "Motel Bates". El mismo Norman se lo dirá: *"Ya nadie viene aquí si no se han desviado"*. El que se lo dice, precisamente, es alguien que se ha desviado hace tiempo y para siempre.

Otro detalle interesante de puesta en escena: Hay algo malo en la primera escena de la película, algo que hace que nos introduzcamos de esa manera furtiva desde afuera en la habitación de hotel, y no que estemos en ella desde el comienzo. No es un encuentro honesto el que tienen Marion y su amante, sino apurado y clandestino, por ello la oscuridad tras la persiana casi del todo baja, por donde se introduce la cámara. *Psicosis* es una película que empieza brutalmente dando comienzo a la década del '60: de la misma manera iba a transcurrir ese juego de deseos, engaños, terrible y violenta muerte. Dijimos antes, además, que la situación de caída con que comienza el film produce luego ese desvío en el camino del personaje. Y así como *"Vértigo"* comenzaba con la caída de Scottie – no caída literal pero sí simbólica y asumida en su mente por el protagonista, tras quedar suspendido de una canaleta-, y cómo también "*La ventana indiscreta*" comenzaba tras la caída -fuera de campo- de Jeff, imposibilitado de moverse; así "*Psicosis*" comienza con Marion acostada en la cama, "caída" o echada junto a su pareja. Ese estado inicial es el que luego ha de explicar la conducta de los personajes hitchcoquianos. Digamos por último que, en cuanto espectadores implicados en lo que vemos e identificados con uno u otro punto de vista, somos y no somos culpables. Depende de cómo y qué miremos. Ejercicio brillante que Hitchcock nos propone.

-El doble: La ambivalencia de la mirada y la culpa nos llevan inexorablemente a este otro tema: el doble, ese otro yo que hay en nosotros o esa otra posibilidad desarrollada en otro personaje que se adhiere como una sombra: "*Extraños en un tren*", "*Vértigo*", "*La ventana indiscreta*", "*La soga*", "*La sombra de una duda*", "*El hombre equivocado*", son ejemplos admirables de ello.

Tanto Marion como Norman Bates son personajes desviados por la urgencia de sus apetencias o deseos (no sólo sexuales). El deseo insatisfecho –tener una casa donde retozar con su amante convertido luego en esposo, forzar una vuelta atrás en una situación ilegal- lleva a Marion al robo. El deseo insatisfecho de una mujer lleva a Norman –a través de su posesiva madre dentro suyo, que desea eliminar a cualquier rival- a invertir el sentido de su casa de hospedaje para "satisfacer sus urgencias" (de una manera simbólica a la vez que brutal) con los huéspedes femeninos que allí caen, tras ser desviadas del camino principal. Norman mató a su madre tras encontrarla en la cama con un amante. Precisamente en la primera escena vemos a Marion Crane en similar situación. Simétricamente, pareciera que ambos se atrajeran o la misma tragedia inexorablemente debiera reunirlos aquella noche en ese perdido hotel. Marion y Norman, no somos los primeros en verlo, son dos caras de la misma moneda.

La doblez de Marion o la imagen de su conciencia no escuchada la da la devolución de su imagen en el espejo. Veamos:

1. Antes de emprender la fuga con el dinero robado, en su casa, se mira al espejo. El mismo muestra, además de su cara, al fondo, una puerta abierta: todavía está a tiempo de enmendarse, puede volver atrás, aún hay una salida (pero también se ve el cuarto de baño y en él la ducha, anticipos de su destino)

2. Cuando se detiene en medio de su viaje para cambiar de auto, entra al baño del negocio de autos usados: allí manipula el dinero frente a un espejo, pero ya no se mira en él, ciega continúa lo que ha empezado.

3. Ni bien Marion pasa a la oficina del hotel Bates, se refleja en un espejo, con Norman detrás. Como si fuera acechada, su misma figura se refleja detrás de ella en un plano lateral, con el mostrador de por medio, anunciándose ante Bates.

4. Vuelve a darse la misma situación en la habitación donde Norman hospeda a Marion. Esta vez Norman tiene detrás de él el número 1 de la puerta, efecto que da extrañeza al plano, molesta a la vista: algo anda mal con este muchacho.

5. Cuando Norman, tras haber discutido con su "madre", aparece con la comida para Marion, se ve reflejado en la oscura ventana del frente del hotel: ese doble oscuro y siniestro que Marion no puede ver, pero nosotros sí, se empieza a revelar.

De la misma manera cumplen esa función los pájaros disecados con sus largas sombras en la pared de la oficina donde Norman y Marion conversan. También, así como anteriormente vimos los comentarios irónicos de los cuadros en la oficina de Marion, los cuadros que Norman tiene en la pared hablan de él: imágenes lujuriosas –no observables a simple vista- de sátiros brutales y mujeres desnudas indefensas. Pero Marion no ve nada de esto, está ciega desde el primer momento del film. ¿Tal vez porque su "normalidad" es simétrica a la "anormalidad" de Norman, es decir, ambas enfermas de esa enfermedad mortal llamada pecado? Sin embargo, lo que Norman le dice –o más bien su situación- la hace recapacitar, no quiere eso para ella, no tiene ganas de continuar después de escuchar hablar acerca de la madre de Norman. Se da cuenta de su propia situación de trampa auto-infligida.

Siguiendo con los espejos que abundan en el film, cuando el detective Arbogast interroga a Norman en la recepción del hotel, también él se refleja en el espejo, pero su figura aparece casi de espaldas, inclinado: en su soberbia "seguridad" ni siquiera sospecha que puede ser observado de esa manera, futura víctima. El mismo espejo duplicará las figuras de Sam y Lila cuando van a indagar sobre Marion. A continuación, una escena simétrica –pero contraria- a la del inicio: Sam con Lila, la hermana de Marion, también en un hotel, pero ambos preocupados en busca de la verdad. La realidad aquella tan falsa los ha llevado hasta el hotel. La decencia de Lila opuesta a Marion se puede ver no sólo en su actitud o forma de vestir, el mismo Hitchcock la destacó en un plano que para muchos pasará desapercibido: cuando ella aparece por primera vez en el negocio de ferretería de Sam, la ubica en un plano donde detrás un conjunto de escobas colgadas circularmente en la pared crea un halo o nimbo de santidad sobre la cabeza de Lila. Pequeños trucos del maestro para definir la ubicación de un personaje con respecto a los otros. Pero atención, porque Lila también puede tener algo en sí misma digno de temor, por eso se asusta de sí misma al verse reflejada en un espejo ya dentro de la mansión Bates. Lila se asusta como no se asustaron los otros: sencillez u honestidad esencial que se asusta del mal posible en sí misma multirreflejado por los espejos.

-Punto de vista. El suspenso y el terror: "*En el cine el terror es provocado por la sorpresa y el suspense por la advertencia*" (A. H.) "*Psicosis*" es un film de terror en su primera mitad, hasta la escena de la ducha. Hasta entonces poco ha pasado, hemos seguido paso a paso y de cerca a la protagonista del film, y nada hacía presumir que de pronto ocurriría *eso*. Es el horror, que sorprende y desconcierta. Brutalmente, cambia entonces la película. Comienza la segunda mitad, el film de suspenso. Hasta entonces sabíamos lo mismo que la protagonista, ahora nuestra relación de saber se alterna entre unos y otros personajes.

Hitchcock hace también con este film algo inédito, y que hace que el impacto del horror sea mayor. Él decía: "*Cuando el público se identifica con un personaje da por supuesto que está siendo instalado una especie de manto invisible que protege al que lo lleva (...) El espectador debe saber que el círculo de espías no conseguirá jamás hacer saltar a*

Madeleine Carrol desde el puente de Londres, y el espectador ha de ser inducido a olvidar que lo sabe. Si no lo supiera se sentiría auténticamente preocupado; si no lo olvidara se aburriría"[54]. Y bien, en la mitad de la película Hitchcock permite que la protagonista del film, contra toda sospecha, sea brutalmente asesinada. Hitchcock le quitó su "seguridad" al espectador, lo sacó de su complacencia como no lo había hecho nunca, para mostrar el comienzo del mundo moderno, una nueva era se abriría para el mundo en los años '60, lejos de cualquier seguridad: Vietnam, rock'n'roll, Vaticano II, revolución comunista, drogas, crímenes, liberación sexual, asesinos seriales, etc. Esa barbarie que iba a pulular con mayor vigor desde entonces en el cine, se encuentra ya condensada en *"Psicosis"*; la lucidez de Hitchcock, su intuición le permitió mediante esta forma incomparable sintetizar la nueva vida en América. Segunda articulación de lo que en su momento, un siglo atrás, hiciera Edgar Allan Poe. Simétricamente ambos recurrieron al horror, en ambos casos en sendas mansiones góticas: Poe creando y Hitchcock re-creando el lugar del horror de una civilización que corre hacia su autodestrucción.

-**La casa**: En esa prolongación de la casa que es el hotel, Norman invierte el sentido de hospitalidad matando a sus visitantes. ¿Es la casa de *"Psicosis"* el emblema del hogar norteamericano como signo del Mal? ¿O en realidad del hogar europeo que no fructifica en una tierra sin historia ni tradición? De ahí la relación entre la casa de Poe (Usher) y la de *"Psicosis"*[55] (o, para el caso, el hotel fantasma de *"Vértigo"*). No hay misterio en estas casas, sino el horror –como

---

[54] "El placer del miedo", art. publicado originalmente en Good Housekeeping 128, febrero 1949.
[55] Basada en la icónica casa pintada por Edward Hooper.

lo había en la casa-templo de Kurtz en "*Apocalipse Now*". Lo espiritual no se encuentra allí, pues lo espiritual encuentra terreno yermo en la híbrida América que describió Poe o que descubrimos en "*Psicosis*". Recuérdese: un crítico de su época amonestó a Poe por no ser un escritor típicamente norteamericano y tocar temas del goticismo alemán, a lo que Poe condescendió a responder lo siguiente: "Se equivoca, mis castillos no son de Alemania, sino del Alma". La misma zoncera de aquel crítico iba a repetirse ante Hitchcock, mirando acaso con la misma mirada perspicaz que la señora Bates este nuestro film.

-**El tentador**: El texano rico, ampuloso, lenguaraz y petulante que exhibe y restriega sus fajos de dólares ante las narices de Marion, es el típico tentador o diablo hitchcoquiano. Disimula su carácter rastrero y rapaz haciendo bromas. Viene a ser una variante de Norman Bates: Cassidy habla y mira y toca el dinero, el otro ni siquiera lo alcanza a ver; pero ambos acechan a Marion, uno la tienta, la incita a tomar el mal camino, aquel fácil camino que la conducirá a Norman que ha de matarla. Ambos parecen darle soluciones: el ranchero texano mencionándole a la hija que se va a casar, le da la idea de que ella podrá con ese dinero hacer lo mismo. Conoce su deseo. Pero la idea es falsa. Norman, dándole a entender que Marion está en una trampa –como él- no le da la solución, pues en realidad la tiene atrapada en su jaula. Marion toma las ideas que el mundo le da y las sigue. Obra sin reflexionar –por ello no muestra Hitchcock el momento de su decisión de robar el dinero, la muestra ya habiéndoselo quedado-. De la misma manera impulsiva actuará Norman al matarla en la ducha. El vil millonario con sus sucias mañas, por otra parte, no tentó a la compañera de Marion, quien afirma ella misma estar comprometida. Y veamos este gran detalle: ella misma toca como asombrada y deseosa el fajo de billetes que dejó el texano, que Marion muy responsable quita de sus manos. La mujer aquella no menosprecia el dinero, Marion parece no prestarle atención, pero es Marion la que se lo roba, como, en su lugar, podría haberlo hecho su compañera.

Otro detalle interesante de esta escena: las tres posibilidades que se le presentan a Marion están representadas "casualmente" y al pasar en los tres cuadros que se ven en la oficina. Detrás de la otra empleada, el cuadro ya mencionado del paisaje con árboles y montañas. Detrás de Marion un desierto de arena. Detrás del ranchero, apoyado en el escritorio de Marion, el cuadro de un ancho y fluyente río. Así, Marion cree que ese camino, el camino ancho y fácil del mundo es el que le conviene, y que el dinero –el del magnate- es el que se lo dará. Marion terminará sin embargo hundida en lo profundo de un pantano, con sus deseados 40.000 dólares[56] haciéndole compañía. Impresionante puesta en escena del moralista Hitchcock, acerca de las consecuencias del pecado.

-La escena de la ducha: *"El rodaje duró siete días y tuvimos que realizar setenta posiciones de cámara para obtener cuarenta y cinco segundos de película"* (A. H.). ¿Y todo esto por qué? Es evidente que Hitchcock quería lograr una escena de una violencia inusitada que impactara en el espectador de manera que su recuerdo impregnara el resto del film. Y si es cierto que en cada nuevo film Hitchcock se planteaba a sí mismo –como todo verdadero creador- un desafío superador en vistas a explorar las posibilidades del arte

---

[56] Acá tenemos uno de las habituales bromas personales hitchcoquianas: 40 mil dólares es lo que le costó a Hitchcock su pequeña casa colonial de Bellagio road.

que tanto amaba, la forma se desprende siempre de la realidad de lo que Hitchcock viene mostrando. Ese frenesí en el crimen (como define el diccionario: locura, delirio furioso o exaltación violenta y muy manifiesta) puede referirse de dos maneras: por un lado, es el ataque furioso de Norman a la manera de un pájaro que da veloces picotazos sobre su presa; por el otro es también análogamente el acto de violación con todo el horror que conlleva, y es el odio hacia la mujer por parte de la "Madre" que hace entonces actuar a Norman. También es el odio homicida del maligno que no da chance alguna de que se le escape esa presa. Toda esta violencia condensada brutalmente debe mostrarse de forma que comprendamos lo que el horror significa. Es la impresión de tan terrible violencia la que se nos pega a nosotros. Por otra parte, el reducido espacio de la ducha –dato del sentido común- hacía necesaria una planificación del montaje más rigurosa –diríase que el puro montaje debía reemplazar a una casi imposible puesta en escena- para lograr la impresión adecuada a los fines que perseguía Hitchcock.[57]

---

[57] Con su característico y ostensivo rebuscamiento intelectual, Ángel Faretta sostiene que esta escena se trata de "puro *potlatch*" (sic). Potlatch era una ceremonia ritual de los aborígenes de la costa noroeste de Canadá y Estados Unidos, donde el anfitrión que da una fiesta muestra su gran opulencia dando regalos a los invitados; Faretta habla de un exceso formal y sobredimensionado – evidentemente deliberado- para mostrar entonces la imposible *imitatio Dei* de parte del artista, "*el concepto de limitación humana, mediante el tornar excesivos los medios empleados para tamaña y paradójica re-ritualización de la esfera estética*" (A. Faretta "*El concepto del cine*", Ed. Djaen, 2005). Por supuesto, tal insólita afirmación, que no comprobación, puede muy bien satis-

La manera de esta escena de la ducha, entonces, se corresponde con lo que exige la idea que Hitchcock viene desarrollando a lo largo de todo el film[58]. Esa escena rompe con todas las expectativas y autocomplacencias del público. Hitchcock no tenía una "teoría del cine" que vender a nadie, tenía sí algo que impregnaba su manera de ver las cosas, el catolicismo, y su estilo no podía escindirse (por lo menos no del todo) de lo que contaba de acuerdo a esa mirada. Pero, además, podemos decir que estas "exageraciones" de estilo en el arte son propias del arte católico que remite al mismo

---

facer al teórico que ufano la vierte adornando de ese modo su original libro de teoría, pero no es ciertamente verificable en los hechos. No obstante lo cual A.F. dirá que "el potlatch, el exceso ritualizado, es un bajo continuo del concepto del cine todo" (asalallena.com.ar). Si recordamos que uno de los teóricos de referencia ineludible de Faretta es el gnóstico y hereje Teilhard de Chardin (al que a estas alturas ningún pensador de fuste toma en serio y la Iglesia católica condenó sus obras) podremos entender mejor su cada vez más enmarañada performance como autor. Nosotros preferimos ubicar la escena de la ducha, además de lo que decimos en estas páginas, dentro de la mirada barroca de todo el cine hitchcoquiano, a lo cual dedicamos algunas líneas más en nuestro trabajo sobre su obra cumbre *Vértigo*.

[58] "*La escena de la ducha se hizo muy violenta debido a lo que iba a seguir*. La pauta era que los acontecimientos volvían a aumentar, pero yo había disminuido la violencia porque había transferido la violencia de la pantalla a la mente del público. Así que no tuve que ser violento más tarde porque había creado la aprensión, habiéndoles dado una muestra, digamos, y así era cuestión de seguir aumentando el ritmo de los acontecimientos pero manteniendo la violencia baja y dejando que el público la llevara por ti" Alfred Hitchcock, en *Take One* (1968) - Rear Window, (https://the.hitchcock.zone/wiki/Take_One_(1968)_-_Rear_Window999999e)

Cristo, como bien lo enseñó el Padre Castellani: "*Con Cristo comienza el arte cristiano (...) Hegel anotó la diferencia esencial del Arte Cristiano (que él llama "Romántico") con el arte oriental simbólico, y el arte griego apolíneo. Es "abierto al infinito, es decir, es desgarrado, traspasado. Las parábolas de Cristo parten del arte oriental, religioso y simbólico, mas no paran en el arte clásico, apolíneo y perfecto-limitado. Rompen la simetría apolínea, contienen "exageraciones"; es decir, fracturas de líneas y módulos, desarmonías, movimiento hacia arriba. Esa característica del arte cristiano llega a su exasperación en el barroco, que es justamente el vicio de sus virtudes*"[59]. La "exageración" de ese "arte traspasado" es más bien una marca que el gran artista deja en su obra porque no deja de tener claro que la obra es un medio y no un fin en sí mismo, y no quiere que el hombre que la contempla la tome por tal. El artista afirma con sus "exageraciones" justificadas a partir de lo que cuenta, el carácter artificioso de la obra, el carácter de agregado a la vida. Pero *el artista no deja de tender a la perfección de su obra*, sabiendo que nunca la conseguirá. Puede admitirse también una insatisfacción ante el resultado de su obra, pero eso es a posteriori. Luego, tomar esta característica del artista cristiano como gesto que se emancipa de la "perfección", nos parece una actitud inconducente. En todo caso, para hacer las analogías cinematográficas pertinentes, se nos ocurre que el vicio de esa virtud llamada Hitchcock sería De Palma, y la enfermedad mortal Scorsese y muchos otros. La nueva Contrarreforma –para seguir con el juego de similitudes- pudo estar encarnada en el cine de

---

[59] El arte de la parábola, en "*Doce parábolas cimarronas*".

Mel Gibson[60], cuya fe católica le evitó caer en los vicios mencionados de los De Palma y Scorsese –cinematográficamente hablando.

Sigamos con "Psicosis".

Agreguemos que la inteligencia –y, por qué no, el pudor– de Hitchcock lo llevó a no querer mostrar ninguna parte tabú de la mujer, ni mostrar el color de la sangre; ciertamente, también por entonces estaba en vigencia el código de censura, que sin dudas fue fundamental para que los directores de cine, incluyendo a Hitchcock, empujados por los productores, no se desmadraran[61]. En estos tiempos De Palma no tiene empacho en mostrarnos brutalmente un cuerpo de mujer desnudo en la apertura de sus films, de allí

---

[60] Es interesante ver que este director, que vuelve a traer a la consideración un cine verdaderamente católico, donde no esconde los excesos en que la Pasión del Señor abundó, por lo cual de algún modo podría llamársele cine "barroco", pues bien, fue criticado no sólo por los judíos que se identifican con los fariseos retratados en su "La Pasión de Cristo", sino que hasta el mismo Faretta que se promueve como católico la despreció, calificándola de "porquería" y sumándose al lugar común de los periodistas *clarinescos*, al decir que había en ella un exceso de hemoglobina (¡!)...

[61] Hitchcock tuvo que negociar e ingeniárselas para lograr que la censura le permitiese pasar la primera escena del film y la escena de la ducha, donde los censores pretendían ver alguna parte íntima de la mujer, cuando en verdad no es así. Es indudable que Hitchcock estaba siendo provocador y estaba yendo más allá de donde había ido antes. ¿Justificadamente? Quizás por entonces se le estaban abriendo las puertas a la exhibición "desinhibida" (valga la ironía) que llegaría tras el quite de la censura el año 1964. ¿Será casualidad que entonces el cine cayó abruptamente en su nivel artístico?

aquello de "el vicio de la virtud" en uno de sus sentidos posibles. Digamos también, dentro de este ítem, que la escena de la ducha de "*Psicosis*" es prácticamente lo que hoy se conoce como un "videoclip", que muestra a las claras el estado mental alienado de Norman Bates. Hitchcock realiza entonces, al comenzar los modernísimos años '60, el primer videoclip de la historia, y lo muestra como algo horrible, propio de un enajenado, de un enfermo y amanerado, prefigurando las consecuencias explosivas y dementes del horrible mundo moderno, donde hoy los hombres que se visten de mujer son aplaudidos, homenajeados y galardonados. Es que el artista siempre ve mucho más allá, aunque él mismo no lo sepa del todo.

Respecto de esta escena agregamos las certeras observaciones del crítico V. F. Perkins, que en su "*El lenguaje del cine*" se ocupa largamente de esta película, comentarios que completan lo antedicho:

"Antes de considerar la precisa imaginería empleada en esta secuencia, podremos indicar parte de la complejidad de su tratamiento si observamos el entramado de propósitos que han guiado la filmación del crimen mediante un montaje de rápidos primeros planos.

Fundamentalmente, la descripción debe estilizarse porque ni siquiera la minuciosidad de Hitchcock puede aprobar la matanza de sus actrices. Si bien el maquillaje permitía falsear el episodio, filmándolo como una acción realista y continua, en tal caso la secuencia hubiera sido indecorosa.

Hablando más en serio, hubiera sido nauseabundo. El tratamiento que le da Hitchcock estetiza el horror, abstrayéndolo de la realidad, de modo que recibimos la más poderosa y vívida impresión de violencia, brutalidad y desesperación. Recibimos el máximo choque intelectual y emocional sin necesidad de experimentar ninguna revulsión física, que nos distanciaría del film. No vemos las heridas de Marion, ni la sangre manando de ellas. Análogamente, los sonidos de atacante y atacado son sustituidos por los gritos de los violines.

(...) El tratamiento en primeros planos fragmentados queda justificado tanto por lo reducido del escenario como por su aptitud psicológica y emocional. Un tratamiento análogo parecería absolutamente gratuito si el crimen ocurriera en un escenario más abierto, en el que el director pudiera – aunque no quisiera- mover la cámara hacia atrás para mostrarnos la acción en su integridad. Hitchcock demuestra su "impotencia" en un plano en el que sitúa la cámara a la altura del techo, para obtener así la toma a mayor distancia que el decorado permite.

(...) El movimiento en diagonal descendente del cuchillo contribuye intensamente en la composición dinámica, que mediante la coherencia de sus movimientos hacia abajo alcanza su clímax en la caída de Marion. En este sentido, la escena forma parte del movimiento general del film. Todos los clímax se estructuran en torno a un vertiginoso descenso que arrastra al público cada vez más abajo, hacia un abismo de tinieblas, locura, futilidad y desesperación. Es por ello que la imagen final del film, que invierte esta constante –un breve plano del coche de Marion, extraído de una ciénaga-, aporta una poderosa sensación de liberación.

(...) El carácter ineluctable de la muerte de Marion se consuma en la imagen del desagüe de la ducha, visto en primer plano, con el remolino de agua que arrastra la sangre

hacia su negro fondo. Esta imagen encadena con un primer plano del ojo derecho de Marion, presa de la ciega mirada de la muerte. De este modo, la secuencia se cierra con una inversión mortal de las imágenes de vida con que se abría. El agua escupida por el surtidor de la ducha se ha convertido en el agua tragada por el desagüe. El ojo de Norman que espiaba se ha convertido en la glacial mirada del cadáver de Marion. Una vez más, la escena gira sobre un eje. El motivo del ojo prefigura el desarrollo del film hacia la ciega mirada que corroborará la aniquilación definitiva de la personalidad de Norman, así como la absorción de sus ojos en las ciegas cuencas de la calavera de la Madre".[62]

Hitchcock ha pensado este film hasta el menor de los detalles. La protagonista, por ejemplo, se llama Marion Crane. Crane en inglés significa "Grulla". Esta ave habita en los pantanos, y cuando se encuentra en ellos, informan los naturalistas, emite gritos tonantes, audibles a grandes distancias. Además, sólo puede cazarse a tal ave mediante el acecho, en situación previamente estudiada, ya que es muy astuta. Al género *grus* de estas aves pertenece un ave muy rara de la fauna norteamericana, la grulla gritadora. Situación análoga a la mostrada en la película, con todo el agregado sobre Norman y sus constantes referencias ornitológicas. Pensemos además que Marion termina hundida en un pantano, con el "pájaro" de Norman picoteando los caramelos de su mano.

En cuanto a una de las distinciones de Hitchcock del resto de sus pares, el crítico Robin Wood, dentro de sus grandes falencias, acierta a explicarlo bien:

"Lo que nuestro descubrimiento de la verdad no puede

---

[62] V. F. Perkins, "El lenguaje del cine", Ed. Fundamentos.

hacer es eliminar nuestra sensación de complicidad. Se nos ha llevado a aceptar a Norman Bates como una extensión potencial de nosotros mismos. Lo de que todos llevamos dentro de nosotros mismos todas las potencialidades humanas, tanto para el bien como para el mal, de modo que todos compartimos una culpa común, podrá ser, intelectualmente, una perogrullada; la grandeza de Psicosis reside en su capacidad no sólo de decirnos eso, sino de hacer que lo vivamos en la experiencia. Esto es lo que hace tan difícil un análisis satisfactorio de una película de Hitchcock por escrito; también garantiza que ningún análisis, por detallado que sea, puede convertirse jamás en un sustituto de la propia película, puesto que la experiencia emocional directa sobrevive a cualquier cantidad de justificaciones explicativas" [63].

Valga distinguir también en esta crítica –preferimos decir "crítica" antes que "análisis" porque el sentido de la segunda palabra se implica en la primera- estos cuatro sentidos: el literal ("exponer simplemente una cosa", S. Agustín), el cual incluye la etiología o "dar cuenta de las causas" (Sto. Tomás); el simbólico (ya hemos visto el carácter de tal en innumerables escenas, mediante objetos y acciones que cumplen tal función); el moral (lo que el personaje hace como imagen de lo que *no* debemos hacer; se desprende de las consecuencias que los actos de Marion acarrean para su vida); y por último el anagógico (considerar los actos de los personajes en relación a la Ley Natural o a la vida eterna).

Nos ayuda a condensar esto otro católico inglés, el genial Chesterton, quien señaló en uno de los más sesudos ensayos

---

[63] R. Wood, El cine de Hitchcock.

escritos sobre la obra de Shakespeare, intitulado "Los Macbeth", una idea que nos vierte Hitchcock en "*Psicosis*". Leemos:

"Una gran idea sobre la que se levanta toda la tragedia es la idea de la continuidad de la vida humana. Lo único que el hombre no puede hacer es exactamente lo que todos los artistas modernos y los partidarios del amor libre siempre están intentando hacer. No puede fraccionar su vida en secciones separadas. (...) La base de toda tragedia es que el hombre vive una vida coherente y continua".[64]

Así, con respecto a Marion Crane, recabamos estas palabras*:" La gran idea de Macbeth, expresada en las primeras escenas de la obra con una energía trágica que no ha sido quizá igualada por Shakespeare ni por nadie, es el enorme error en que cae un hombre si supone que un acto decisivo puede contribuir a abrirle el camino".*[65] Y luego las palabras definitivas que incluyen a la par de Marion a su asesino Norman Bates: *"No se puede realizar una cosa descabellada para gozar después de un estado de razón".*[66]

¿Queremos ver más aún la estrecha vinculación entre estos dos prodigiosos autores, Hitchcock y Shakespeare? Chesterton traza el puente: Así como *"Lady Macbeth hace gala de esa asombrosa clase de magnanimidad que es completamente peculiar de las mujeres. Esto es, se apodera de algo que su esposo no se atreve a tomar, aunque sabe que lo desea y se sentirá más orgullosa de ello que él"*[67], así Marion con Sam –que ni siquiera es su esposo pero desea lo sea-

---

[64] G. K. Chesterton, "Ensayos", Ed. Porrúa.
[65] Ídem ant.
[66] Ídem ant.
[67] Ídem ant.

, tras la primera escena entre ambos, decide tomar por sí misma, pero no sólo para sí, sino para él, el dinero ajeno (dinero, por cierto, que pertenece a un personaje a todas luces antipático para el público). Sin embargo, está claro, Marion no tiene el cinismo inflexible de Lady Macbeth; en los tiempos modernos la tragedia deriva en el horror que extrema las pasiones con la pérdida completa de la razón (si Shakespeare viviera hoy entre nosotros, es evidente, haría películas, y esta clase de películas). El horror tiene su instigador, alguien que es vencido del todo, aunque no aniquilado. ¿Y bajo qué impulso las acciones se desarrollan en estas obras excelsas? Lo explica el Padre Castellani: "*El diablo tienta prometiendo o dando las cosas de Dios, lo mismo que Dios nos ha de dar si tenemos espera y fidelidad (...) El diablo nos empuja, nos precipita* ["ahuyentar la infelicidad"]*, es la espuela del mundo, nos invita a anticipar, a desflorar, a llegar antes.*" [68]

Dice Gustavo Corçao que "*los paganos apóstatas de los tiempos modernos, reducen toda la tragedia humana a conflictos íntimos o a problemas económicos. No existe tragedia ninguna, sino equívocos; no existe odio, sino resentimientos y complejos*"[69]. Lo interesante de "*Psicosis*" es que, debido a su final, podría pensarse que se racionaliza o psicologiza el mal, cuando, en verdad, la "excusa" psiquiátrica de Norman es una vestimenta que Hitchcock le adosa a su demonio, porque en verdad lo que más importa no es el mal que sí está en Norman, sino el mal que está en Marion, en Sam, y en todos los otros, ese mal que irrumpe en lo cotidiano y que puede traer consecuencias catastróficas. Esa gravedad de lo que le ocurre a Marion a raíz de un simple

---

[68] L. Castellani, "Doce parábolas cimarronas".
[69] G. Corçao, "El descubrimiento del otro".

robo, viene a dotar de misterio al mal, cuya mancha se extiende de forma imprevisible para un ser tan limitado como el hombre. El condimento "económico" o "psicológico" no abarca todo el mal, su misterio, y si esto no puede percibirse en toda su magnitud en "*Psicosis*", sí puede observarse en su máxima expresión en "*El hombre equivocado*".

Pero es en "*Psycho*" donde se pinta acabada y anticipadamente, este mundo moderno donde muchos –gracias a Dios, no todos- caen incitados por los Cassidy innumerables y anónimos que tienden las redes desde, por ejemplo, los medios masivos de difusión –entre ellos, claro, también el cine. Caída en un horror que, aunque cotidiano, no deja por eso de ser "sorpresivo" cuando aparece con todo su furor. Este horrible mundo de pecados, esta "pocilga" (como dice Hitchcock en "*La sombra de una duda*") incolora –de allí el blanco y negro del film-, no es sin embargo definitivo. La verdad sale a la superficie al final del film, como confiadamente acaba Hitchcock su obra toda, la verdad que no es cómoda ni fácil ni complaciente ni obvia, pero que allí está para el que la quiera ver y se haga cargo de ella.

Si el cine puede ser vivido por muchos como una animada visita a un parque de diversiones, Hitchcock introduce en el mismo una buena sacudida que se desprende de la realidad, porque no tenemos derecho a dormirnos cuando el mal acecha en lo cotidiano. Recreación y aprendizaje a la vez que le debemos al cine cuando es cine, cuya más acabada muestra terminamos de ver.

TOPAZ
(1969)

No es un buen Hitchcock, pero es un buen Castro

No siempre se puede hablar de un film sin tener en cuenta los condicionamientos que coadyuvaron a hacerlo naufragar o llegar a la cima. No sería justo, en este caso con Hitchcock. Lo cierto es que ni a él mismo le gustó "*Topaz*", y sin duda habría dicho: "No es un buen Hitchcock", o algo peor. Problemas de producción, los estudios de cine en manos desacertadas, Hitchcock que había perdido a sus principales colaboradores, un guión in-filmable que debió arreglar una y otra vez, la falta de grandes figuras protagónicas, una historia que salta de un lado al otro del planeta, con todo esto debió cargar un Hitchcock desgastado que, además, sufría la vendetta de los ejecutivos de la Universal, que no soportaban que un extraño a ellos, un director de cine, fuera accionista de la compañía y les quitara sus buenas ganancias. Hitchcock debió pagar su factura.

Pero, más allá de todo esto, la película tiene sus méritos. Cualquier otro director de cine hubiese naufragado con semejantes complicaciones, Hitchcock maneja el ritmo como sabe, no decayendo nunca el interés, pese a las dos horas siete minutos de duración, regalándonos un par de escenas para el recuerdo (la primera, cuando el escape del funcionario ruso a EEUU; la segunda, la muerte de la espía cubana). Su mayor logro es mantener el interés pese a la falta de acciones y de emoción. Pero, el punto más fuerte de su cine, lograr nuestra identificación, aquí ha desaparecido por completo. Su famoso dictum: *"El rectángulo de la pantalla debe estar cargado de emoción"*, ya no se verifica. Tampoco aquella sabia definición: *"Un héroe de cine debe convertirse en nuestro hermano o nuestro enemigo si la película está conseguida"*.

En *"Topaz"*, sin embargo, el mundo del espionaje está mostrado como ha de ser y no como nos quiere hacer creer el amaestrado y fastuoso James Bond. El protagonista es un símil degradado de Cary Grant, sin su garbo ni simpatía. Un espía francés que trabaja para los norteamericanos haciendo los trabajos que éstos no pueden. Así va a Cuba en medio del conflicto de los misiles rusos, y allí se encuentra con una amante (el que él tenga esposa es sólo un detalle sin importancia para esa gente). El agente norteamericano es un "vivo" que logra que el francés haga lo que él no puede. Claro que el francés tiene un interés extra. Se nota (el yanqui) poco escrupuloso y entrador. Hay también un alto funcionario ruso que se escapa con su familia a los EEUU, por cierto, muy desagradable. En las reuniones con los norteamericanos no se habla de *freedom* o *democracy*, se negocia fríamente (es claro, están atravesando la guerra fría). También tenemos a las dos mujeres: la esposa del francés, que al final lo engaña con el mejor amigo de aquel (el francés Piccoli, que resulta ser un traidor, oh estos franceses); y está la doble agente cubana, una bella viuda -mantenida por Rico Parra, un secuaz de Fidel Castro- amante del francés. Y así parecen ser todos los que se dedican a esa profesión riesgosa y sin arraigo, propia de mercenarios o patriotas inconcebibles. Diríase que son todos ingleses o franceses, con sus escondidas y atildadas hipocresías.

Cabe destacar el episodio con los cubanos, excelente. Primero, cuando los vemos en el hotel de Harlem, el barrio negro de Nueva York. Allí se representa una pequeña "ventana indiscreta". Luego adentro, el símil de Fidel Castro, llamado Rico Parra. Hitchcock no nos dice que él sea Castro, de hecho, el tirano y el "Che" Guevara aparecen en una imagen documental en colores, perfectamente ensamblada con otra escena. Pero sí nos hace ver que de esa manera indirecta se refiere a él y la revolución que comanda. Hay que fijarse bien: Rico Parra no es una caricatura (Hitchcock jamás caería en trazos gruesos ni subestimaría a los malos de sus películas), es un tipo vivo, vanidoso y ególatra, cínico y duro. Pero Hitch logra meter su chiste en el momento justo. Es una escena en que le han arrebatado un maletín con documentación importante, en el hotel. Parra busca un discurso junto al maletín, pero antes de darse cuenta de que ha desaparecido, se levanta y encuentra su hoja con el discurso como envoltorio de un grasiento sándwich: es memorable pues bien se sabe los antecedentes chiqueriles de Castro desde su más tierna niñez (por no hablar de Guevara, a quien llamaban justamente "el chancho"). Además, en 1969, contra la opinión internacional, se muestra a una Cuba como estado policial que tortura a sus opositores y se pone en manos de los rusos. Muy lejos del paraíso que hasta ayer nomás nos querían vender.

Luego, al regresar a Francia, la película decae (podríamos decir, deviene en un film francés, triángulo amoroso incluido). Demasiadas reuniones, demasiados diálogos, demasiada poca emoción. Es sabido las complicaciones que tuvo Hitchcock, además, para el final de la película, el cual debió cambiar. Finalmente resuelve todo... con un tiro detrás de una puerta.

Muy poco para destacar. Probablemente el ambiente que considera no esté expurgado de esterilidad, y el exceso de la realidad política le quite interés (recordemos que la primera "*Misión Imposible*", la de De Palma, es la menos popular de todas, aun siendo de lejos la mejor, por su falta de escenas de acción y espectacularidad, quizás porque retrata muy bien esa clase de intrigas). Tal vez por eso los films de espionaje sean esquemáticos y fríos. Y por ello cuando anteriormente Hitchcock se abocó al género, lo usó como excusa para tratar de otra cosa, del hombre individual que es perseguido por un poder muy grande, y la forma en que este hombre resuelve su vida. En definitiva: el hombre en peligro, ausente en este film. Como también el humor. Excepto la gragea aportada por el propio Hitchcock, en una de sus tan recordadas apariciones.

BIBLIOGRAFÍA

El aporte bibliográfico rspecto del cine de Hitchcock es en general bastante endeble, falto de rigor. No obstante lo cual damos debajo las referencias bibliográficas de donde hemos tomado ciertos datos que hemos incluido o citado en nuestro libro.

-*Entrevistas con directores de cine I*, Andrew Sarris, Ed. Magisterio español S.A. 1969.

-*El cine de Hitchcock*, Robin Wood, Ediciones Era, 1977.

-*El cine según Hitchcock*, Alfred Hitchcock-François Truffaut, Alianza editorial, 1984.

-*El lado oscuro del genio: La vida de Alfred Hitchcock*, Donald Spoto, Ultramar, 1990.

-*Hitchcock y Selznick*, Leonard J. Leff, Ed. Laertes, 1990.

-*El lenguaje del cine*, Victor F. Perkins, Editorial Fundamentos, 1990.

-*Hitchcock sobre Hitchcock: Volumen 1*, editado por Sidney Gottlieb, Plot ediciones, 2000.

-*El concepto del cine*, Ángel Faretta, Editorial Djaen, 2005.

-*Solo es una película: Una biografía personal de Alfred*

Hitchcock, Charlotte Chandler, Ediciones Robinbook, 2006.

-*Maestros del Cine: Alfred Hitchcock*, Bill Krohn, Cahiers du Cinema, 2010.

-*Hitchcock's moral gaze*, edited by R. Barton Palmer, Homer B. Pettey, Steven M. Sanders, Sunny Press, 2017.

ANEXOS

SÍMBOLOS EN HITCHCOCK

Iglesias:

En al menos 14 de sus 55 largometrajes Hitchcock incluye diversas iglesias: la mayoría católicas, pero las hay también presbiterianas, baptistas o locales de sectas menos conocidas. Las circunstancias son distintas y lo que sucede en cada una de ellas también. Los personajes que ingresan en ellas –así sean los héroes de la película –llevan consigo el caos y no son capaces de advertir el sentido de aquello que los rodea. Pero en sí la imagen misma de la iglesia, con su serena verticalidad inconmovible, sirve de contraste para el vértigo de la historia que estamos viendo, desatado siempre por el desorden que los hombres llevan dentro. *Vértigo* es el mejor ejemplo del sentido vertical y misterioso de tales edificios, por sí mismos dispensadores de sentido (precisamente esto se manifiesta en la menos notoria pero más profundamente católica de sus películas). Y así como aparecen siendo parte de la escena en varios films (*I confess, Vértigo, Secret agent, El hombre que sabía demasiado, Family plot,*

Corresponsal extranjero, The ring), también aparecen subrepticiamente en otras (un cuadro en el departamento de Thorwald en *La ventana indiscreta*; otro cuadro en *La llamada fatal*; detrás de una ventana en *Marnie*, etc.), o simplemente formando parte del paisaje. El orden, sin embargo, como se puede ver, pertenece a la Iglesia Católica. Allí, el director hace que un personaje vil – asesino a sueldo del gobierno inglés- se quite el sombrero ante el tabernáculo, aunque no crea. En la iglesia protestante o secta desconocida (las dos versiones de *El hombre que sabía demasiado*) se termina a las peleas de puño o a sillazo limpio. Los personajes que concurren a estas iglesias protestantes (*La sombra de una duda, Psicosis*) ignoran lo que pasa a su alrededor, como si el mal no existiera, cuando en realidad lo tienen a su lado. Hay siempre pequeños pero significativos recursos de que se vale Hitchcock para introducir formalmente lo religioso en una trama que a todas luces no lo parece: como el protagonista de *39 escalones* que es salvado porque la bala que le disparan va a incrustarse en el libro de himnos ubicado en el bolsillo de un sobretodo que le quitó a un hosco puritano; o las Biblias que un librero porta mientras alerta sobre el peligro tras la cortina de hierro en *Cortina rasgada*; o las monjas que aparecen en *Sabotaje*, en *Corresponsal extranjero* y al final de *Vértigo* (recuerde el lector que aquel era un cine hecho en estudios, donde el director determinaba –cuando era diestro- hasta el último detalle). En Hitchcock, entonces, hay una demanda de los detalles o toques del director que busca –consciente o inconscientemente a veces- un orden, orden que determina su mirada y al que todo debe supeditarse.

N. B.: En esta oposición entre el orden y el desorden Hitchcock usa también a veces símbolos reconocidos por todos, que traen consigo repercusiones mayores para el común de los espectadores: el Monte Rushmore, el Washington Memorial, la Estatua de la Libertad, el British Museum, etc. No se trata de que Hitchcock crea en ellos, sino del atractivo visual que tienen y de la idea que de pronto el desorden, el caos llega hasta tan inmaculados íconos. Muy criticado fue a este respecto por no respetar estos monumentos impolutos e intocables. Por cierto que Hitchcock tampoco llevaba detrás una clara intención destructora, más la ironía que se desprende de su afirmación de que "el arte está antes que la democracia" habla de un resultado más bien perturbador antes que tranquilizador al respecto.

Suspendidos:

Nos encontramos ante otro de los recursos por los cuales el cine – Hitchcock especialmente- nos lleva a pensar con imágenes respecto de la verticalidad que irrumpe en nuestra vida para superar o transfigurar la horizontalidad en que nos movemos. En varias oportunidades, siendo *Vértigo* la más perfecta consecución de ello, Hitchcock coloca a sus personajes suspendidos sobre el vacío y a punto de caer. Desde el primer "film de Hitchcock" (como él mismo afirmó), *The lodger*, hasta *North by Northwest*, cuando ha podido, ha colocado a sus héroes en tal situación. Desde luego, tal situación va de suyo unida a la caída: en su posibilidad está la muerte, pero también en personajes como el Stewart de *Vértigo* está el caer psicológica y moralmente, aunque no lo haga físicamente, como sí ocurre con el Stewart de *La ventana indiscreta*, cuya condición de tal ostenta desde el comienzo, donde sabemos por su postración que ya ha caído. En cambio, los otros ejemplos dan cuenta de lo que el mundo desea hacer con nosotros, hacernos caer en una caída que implica mucho más que la caída del cuerpo, y digo "hacernos caer" porque Hitchcock, mediante su maestría, nos implica también a nosotros llevándonos a identificarnos con sus protagonistas y la suerte que corran. De allí el error declarado por él mismo en la escena de *Saboteur*, película fallida por muchas razones, de alguna manera una caída del propio Hitchcock, que supo luego levantarse. Pero escena que nos da a entender también lo fácil que resulta la caída, siendo que estamos sostenidos por un delgado hilo a esta trama de la vida. La suya es, en definitiva, una forma más – pero muy significativa- de mostrar nuestra condición y lo que debemos evitar, lo que a la vez nos atrae y nos repele: la caída. El vacío, precisamente, produce vértigo, seduce y aterra porque somos ambas cosas y tendemos por naturaleza a la caída.

N. B.: Es conocida la capacidad de inventiva de Hitchcock para usar diferentes recursos en vistas a no repetirse ni caminar por caminos trillados, infinitamente transitados por artistas muy mediocres. Este recurso de que hablamos está mostrado de otra forma en *Marnie*: allí la protagonista siente el "vértigo" tentador de robar dinero o dejarlo en la caja fuerte que ha abierto. Esto se muestra con un recurso – a primera vista- ineficaz y torpe, cual es el del zoom (en *Vértigo* combinó zoom y travelling para lograr transmitirnos la sensación de atracción-repulsión del protagonista). El crítico Robin Wood ya comentó satisfactoriamente en su libro sobre Hitchcock las objeciones al respecto y las motivaciones evidentes de Hitchcock que hacen aceptable tal recurso estilístico.

Puentes:

El puente puede ser signo de varias cosas. En primer lugar, emblema de una determinada ciudad en la que el director del film quiere situarnos. Luego, lugar de pasaje de los personajes de un sitio a otro en sus peripecias. También, enlace visual entre dos escenas. Finalmente, pasaje de una determinada situación a otra distinta dentro del personaje, apertura a un nuevo estado de vida convocado por la aventura, símbolo, en fin, de aquello que de momento no podemos ver pero luego comprenderemos. Precisamente en la representación del puente hay primero un indicio que será luego afirmación asumida por nuestra parte. Símbolo que primero está allí porque la escena lo demanda, pero luego se nos ofrece para construir con el director –mediante imágenes- una película. Desde luego, no basta incluir un puente en una película si la misma no opera de manera tal que toda ella sea un puente para nosotros: entre el autor y nosotros y entre nosotros y la forma en que miramos el mundo. Vale decir, v. gr.: "*Los puentes de Madison*" (Eastwood) no unen sino que separan, por lo que reniega del símbolo, clausurándolo en la estulticia de su mirada intrascendente (en ese caso, además, abominable por ser una pestífera apología del pecado disfrazada de historia de amor). Donde no hay lugar para el misterio, todo símbolo es falso, lo cual es tan deplorable como la alegoría. En por lo menos diez de sus películas, el recurso del puente es utilizado diestramente por Hitchcock.

Ventanas:

Para el voluminoso Sr. Larousse, una ventana es, exactamente, una "abertura, generalmente rectangular, dejada o practicada, a una cierta distancia del suelo, en la pared de una construcción, para dar luz y ventilación". Para el también voluminoso Mr. Hitchcock, sin embargo, puede ser algo más que eso. Seguramente habrá suscripto las palabras de Baudelaire al respecto: "Quien desde fuera mira a través de una ventana abierta, jamás ve tantas cosas como quien mira una ventana cerrada. No hay objeto más profundo, más misterioso, más fecundo, tenebroso y deslumbrante que una ventana tenuemente iluminada por un candil. Lo que la luz del sol nos muestra siempre es menos interesante que cuanto acontece tras unos cristales. En esa oquedad radiante o sombría, la vida sueña, sufre, vive" (Las ventanas, El Spleen de París). En Hitchcock la ventana es lo que es pero es también lo que esconde, es algo que sólo nosotros vemos, o es lo que permite ver algo que el mirón se complace en escrutar. Detrás de la ventana se desarrolla el drama: la cámara es nuestra mirada que se introduce furtivamente para verlo. La ventana separa el afuera del adentro, es el umbral del fuera de campo. La ventana puede comunicar también la identidad de quien reside tras ella. La ventana puede ser la entrada al misterio o la salida para la concupiscencia de los ojos. Decía San Gregorio Magno: "Quien mira irreflexivamente hacia fuera de las ventanas corporales, es atraída en contra de su voluntad por peligrosas delectaciones" El profeta Jeremías usa esta expresión: "Pues la muerte sube por nuestras ventanas, y penetra en nuestros palacios". En gran medida el cine de Hitchcock es la puesta en escena de estos postulados, como también una reflexión sobre la propia condición del espectador de cine. Precisamente su film ejemplar al respecto se llama *Rear Window* o, entre nosotros, La ventana indiscreta. Diecisiete de sus películas utilizan el simbolismo tan fructífero de la ventana, combinados con los otros que estamos analizando.

Escaleras:

Relacionado con todo lo anterior, esto de lo que se vale todo el cine clásico, es uno de los símbolos por excelencia de la iconografía universal y cuya asociación en el cine varía en relación a cada film y la función que en él se le da al decorado. Escaleras que suben o bajan y que pueden presentarnos allí arriba el lugar de descanso o la fantasía –arriba están los dormitorios y los desvanes, debajo los sótanos, la oscuridad de la casa y del alma. El cine contemporáneo – exceptuando unos pocos autores que en algún grado continuaron una tradición-, abandonó esta concentrada puesta en escena seducido por la espectacularidad y facilidad de los efectos especiales. Recordamos grandes ejemplos a vuelapluma de la feliz utilización de este símbolo en el cine: *La escalera de caracol* (Robert Siodmak), *Bigger than life, Nacida para el mal, Johnny Guitar y Rebelde sin causa* (Nicholas Ray), *El ángel azul* (Sternberg); *Ataque, Baby Jane* (Aldrich); *Vive como quieras* (Frank Capra); *Los pulpos, No abras nunca esa puerta* (Christensen), *The magnificent Ambersons* (Orson Welles) *La secta del trébol, Rosaura a las diez* (Mario Soffici); *El tren de las 3.10 a Yuma* (Delmer Daves); *El caserón de las sombras, El hombre invisible, Frankenstein* (James Whale); *La loba, La heredera* (William Wyler); *La séptima víctima* (Robson); *Madame de...* (Max Ophuls); *El exorcista* (William Friedkin); *Los intocables* (Brian De Palma); *Taxi-driver* (Scorsese); *Duro de matar* (McTiernan); *Apocalypto* (Mel Gibson). Estas escaleras que llevan de un nivel a otro, pueden presentarnos allá arriba el lugar de la privacidad y el descanso, pero también el del misterio y el crimen. Puede ser un ascenso o un descenso (Bette Davis asciende derrotada mientras que

Anne Baxter desciende victoriosa, en *La malvada*) en todo caso hay dos niveles distintos conectados, dos lugares, o, simplemente en algunos, un efecto más del decorado que tapiza la pantalla. Adosadas admirablemente al tema de la película (que no necesariamente ha de ser el argumento), las escaleras pueden ser comentarios implícitos que informan de una posición de los personajes respecto del mundo y de los otros protagonistas, como además, integradas cabalmente en algunos films de Hitchcock, pueden ser medios de pasaje, puentes a cruzar en sentido vertical que los personajes deben animarse a subir, prueba en la vida o, también, descenso al abismo. Es el ascenso o la caída y el sentido vertical que se comunica desde el mismo decorado a los personajes. Algunos ejemplos: *Psicosis* (y la escalera de la mansión Bates que sólo puede subir un personaje "puro" como el de Vera Miles, sin ser su víctima); *Vértigo* (y la escalera del campanario que Scottie sólo puede subir la segunda vez, cuando el estadio ético supera su errática y romántica melancolía); *El hombre equivocado* (y esa escalera alta y lúgubre donde los Balestrero pierden la esperanza tras enterarse que el hombre que buscan está muerto, y se les abre un abismo), *I confess* (y la escalera del tribunal por la cual el Padre Logan desciende de la misma forma que la escalera de la iglesia, para ser ahora escarnecido por el populacho); *Corresponsal extranjero* (y la escalera en el molino que lleva al protagonista derecho a la aventura y a ser otro en su vida); *The lodger* (y la escalera que comunica al cuarto del misterioso visitante); *Los pájaros* (y la escalera al final de la cual la protagonista debe enfrentarse a los pájaros y a sus propios miedos); *La ventana indiscreta* (y la ventana por la que Lisa sube al departamento de Thorwald, buscando así convencer a Jeff de que ella puede ser su esposa); *El hombre que sabía demasiado* (y la larga escalera de la embajada que sube Stewart para rescatar a su hijo (lo mismo en *Notorious*).

"En los días de fe –escribió Mons. Fulton Sheen-, los hombres vivían en un universo tridimensional: arriba los cielos, debajo el infierno y la tierra entre ambos (...) Pero desde hace unos dos siglos, desde que los hombres comenzaron a perder la fe en Dios, también fueron siendo dejadas las otras grandes verdades eternas. La moralidad comenzó a declinar y los hombres ya no se vieron a sí mismos como habitantes del universo tri-dimensional. Redujeron la vida a una sola dimensión: la superficie plana de la tierra; creyeron sentir que, gracias a la ciencia, a la evolución y al inevitable progreso, sería posible para cada uno llegar a ser una especie de dios y disfrutar en la tierra de su cielo" ("*Eleva tu corazón*"). Cuando el cine forma parte de un lenguaje tradicional, restaura este sentido tridimensional en lo que tiene que ver con contar una historia visualmente para, mediante la puesta en escena, contar una segunda historia u otorgar una dimensión mayor a la simple fábula. Tal vez uno de los films más ejemplares al respecto sea "*La escalera de caracol*" (Siodmak), con su final sublime, donde sólo la maestría del director logra una obra consumada usando todos los tópicos del cine negro y de suspenso. Acaso en la escena inicial, el arriba instaure un sentido trágico y vertical –pero no liberador-, escena del hotel donde en la planta baja se exhibe una película mientras en el primer piso se asesina a una mujer tullida. Precisamente el cine critica al cine o más bien a quienes, subyugados por éste, desconocen la realidad que los circunda. Por lo cual se nos indica que no siempre lo visual-alto rememora lo alto-espiritual, ya que allí acecha también la posible falsificación o tecnificación del símbolo.

Mirones:

Nos dice el "Catecismo de la vida interior" (compendio sistematizado por el Padre J. M. Mestre Roc): "Mal custodiada, la vista se convierte en una fuente de disipación para el espíritu y el corazón, lo cual destruye la vida interior, y en una fuente de tentaciones y de pecados contra la virtud de pureza (...) Según San Juan de la Cruz, además de la deshonestidad e impureza de pensamientos y deseos, la ligereza de los ojos produce vanidad de ánimo, codicia, descompostura exterior e interior, envidia". Para el pesimista Hitchcock el espectador de cine es como los protagonistas de *Vértigo* o *La ventana indiscreta*, alguien que no sabe mirar y que debe ser desengañado. Por eso lo lleva a identificarse con ellos desde un comienzo y adoptar sus puntos de vista, hasta que sobreviene el desengaño o la pregunta arrojada en la cara por quien parece la encarnación absoluta del pecado –y por ello es del todo desagradable- y el poder del mal invocado por el protagonista: *"¿Qué quiere usted de mí?"* (el malo en *Rear Window*). Esto que ya he indicado en párrafos anteriores, cuestión que hasta el menos avisado habrá podido advertir y que los críticos han destacado en el cine hitchcoquiano –sin inquirir en la causa de ello-, es el elemento central en la construcción de la obra de Hitchcock y es la clave para entender su arraigado catolicismo. La concupiscencia de la carne, como la llama San Pablo, es un pecado. Así, aunque Jeff no pueda moverse, provoca la tumultuosa situación que lo inquieta y desbarata su vida. Cuando deja de lado aquella concupiscencia para preocuparse por la suerte de otra persona (la esposa de Thorwald), entonces empieza a deshacer el camino andado. Pero aún debe pagar por un acto inicial pecaminoso. Desde la versión atenuada de Jefferies hasta la extremamente perversa de Norman Bates (ambos son primos hermanos), Hitchcock nos pone en la disyuntiva de *mirar con* o *mirar como* el personaje. Ahora bien, si Jefferies en *La ventana indiscreta* logra descubrir un crimen en el departamento de enfrente, es porque su mirada deja momentáneamente de lado la delectación de la libido para recurrir al sentido común (pensemos que si al comenzar lleva seis semanas espiando a sus vecinos, sólo toma los prismáticos cuando advierte algo extraño en la conducta de Thorwald, no antes). Jeff no llega a ser el depravado depalmiano –tal vez porque Hitchcock estaba seguro, aún en su extremo pesimismo, de su catolicismo-, y De Palma, ya harto y confundido, se siente afuera de todo, y parece estarlo (aunque también parece deleitarse él mismo con lo que muestra). Antes actuó en Jeff el reconocimiento de pensar como Thorwald (el deseo de deshacerse de una esposa molesta). En esa coincidencia está el pensar que el otro pudo haber cometido un crimen. Cuando la mirada es colocada bajo la esfera de lo ético, entonces puede resolver algo que no ha visto. Pero, atención, que el móvil inicial de Jeff no fue de carácter ético, sino libidinoso. ¿Es el espectador de cine un mirón? Lo es potencialmente. Pero, podría argumentar el maestro, la sublimación de tal acto puede ser realizada inteligentemente en el cine –su cine- antes que halle salida peligrosamente en la vida real. Cuestión difícil a la que procuramos desde estas líneas dilucidar en provecho nuestro y de nuestro lector, seguramente un ocasional o habitual espectador de cine.

El Malo de la película:

No se trata sólo de que el mal que hay en los héroes hitchcoquianos se refleje en los malos del film. Éstos muestran que el mal es la corrupción de lo bueno, de allí su atractivo y seducción. Jeff (*La ventana indiscreta*) podría ser como

Thorwald, evidentemente, pero no lo es porque ha reconocido la diferencia entre bien y mal y decidió actuar éticamente, aunque su condición de criatura caída no se modifique, por cuanto el mal propio no desapareció del todo. Scottie en *Vértigo* llegará un paso más allá, quedando al borde de dar el salto hacia otro estadio, el de lo religioso...o perderse definitivamente. El malo hitchcoquiano es especialista en engaños (no sólo engaña al protagonista sino que puede engañarnos a nosotros espectadores), es un triunfador en el mundo. El malo de Hitchcock es como el malo de la vida, no como el malo de las películas. No hay maniqueísmo posible en Hitchcock. Por eso su mirada católica reconoce que el mal anida también en uno mismo. Veamos un ejemplo: el actor Raymond Burr, que interpreta al vecino asesino Thorwald de *La ventana indiscreta* (1954), cumplió el rol de malvado años antes (1951) en el film *His kind of woman*, de John Farrow. A primera vista, es el mismo personaje: despiadado, insensible, cruel, incapaz de atraer ninguna simpatía sobre sí. Estas características parecerían discrepar con la de otros malvados hitchcoquianos, pero Hitchcock tiene una razón para ello: el malvado es el reflejo de la posibilidad concreta –del lado oculto u oscuro- del mal que lleva en sí el héroe (su Mr. Hyde), y, patio de por medio, están escindidos cada uno en lo que parecen ser compartimentos estancos, hasta que el malo en persona entra en el departamento del héroe que lo ha invocado. Frente a frente, sólo la luz contra la oscuridad del otro actuará como barrera. Con todo, Thorwald era un vecino y esposo como los otros, degenerando luego y convirtiéndose en eso. En la muy interesante película de Farrow, Burr es un gángster al margen de cualquier sociedad. El héroe, Robert Mitchum, es secuestrado por el malvado para intercambiar rostros e identidades. Hay una separación moral entre ambos infranqueable, son personajes de una pieza, en definitiva, arquetipos. Por otro lado, se agrega un segundo héroe cómico estrafalario (Vincent Price), un actor que desdeña la "falsedad hollywoodense" y decide ser héroe en la vida real: paradójica trampa puesto que lo hace en una película, donde además hay un final del todo tranquilizador. Mitchum no tiene nada de Burr, y el espectador, por lo tanto, tampoco. En definitiva, es Hitchcock quien, sin anunciarlo, se sale de la "falsedad hollywoodense", simplemente reflexionando con su arte sobre la verdadera condición del hombre en este mundo de pecado, pero también de gracia. Los malos hitchcoquianos, además, están conseguidos por la siguiente razón: porque están determinados en razón de los héroes de la película, y el lazo que hay o se establece entre ellos parece ser muy estrecho. No hay la distancia infranqueable de los clásicos arquetipos hollywoodenses (si quieren uno obvio, piensen en la antinomia Bogart-democracia vs. Robinson-gansterismo en la abominable *Cayo largo*). Hay en estos malvados una seriedad que no equivale a brutalidad o fealdad física. Hay seriedad porque el mal es triste y es además el lado triste de los protagonistas. Se cumple también esta brillante paradoja: "El mal es tan malo, que, junto a él, el bien parece un mero accidente; el bien es tan bueno, que junto a él, hasta el mal resulta explicable" (Chesterton, *El hombre que fue Jueves*). Lejos del maniqueísmo, Hitchcock hace prevalecer el bien por encima de "los buenos", como una llamada al orden que siempre se impone. El bien existe aunque los hombres no sean del todo buenos.

Camas:

En el cine de Hitchcock –como en todo buen cine-, se

cuentan siempre dos -o tres o cuatro- historias, y si, por caso, la primera historia exige que en algún momento se deba mostrar una cena o una fiesta, estos lugares y acciones actúan como recursos para poner en escena ante el espectador relaciones que sobrepasan la explícita razón del encuentro o convocatoria. Si se usa el suspenso como recurso para hablar de cuestiones teológicas (hablar mediante imágenes, que no discursos), también se usará un lugar determinado para –indirectamente- dar a entender la situación existencial o emocional de los personajes. De allí que, a lo largo de su obra, Hitchcock ha ido manifestando recursos que volvían una y otra vez a él. Si muestra una cama no es para mostrar en ella a alguien que duerme, sino alguien –en su mayoría mujeres- que sufre: enfermedad, angustia, tristeza, pesadillas, pero que, también, y a la vez, resume la condición caída original del ser humano, su facilidad para abandonarse y dejarse atrapar por tal condición o para dejar que lo lleven a ella, a la vez que la necesidad de ser rescatada para levantarse. Hay una pugna-complementariedad en sus films de lo horizontal y lo vertical. Caída, pecado, culpa, obsesiones, deseos, angustia, miedo, ocupan a sus personajes. ¿Por qué casi siempre son las mujeres las que son mostradas en esa condición? Cabe inferir dos razones básicas: por su mayor debilidad física ante el hombre y su carácter pasivo-receptor ante el mismo, y porque la relación de la mujer con la casa que habita es diferente a la del hombre. Ella está mucho más consustanciada con la misma, mientras el hombre hace casi toda su actividad fuera; la mujer tiende a armonizar ese lugar que ya ha conquistado y es su extensión, la casa, con la relación con el hombre. Por eso, cuando entra en crisis, su refugio es ir a derrumbarse en un lugar dentro de la casa, el dormitorio y la cama, ese lugar donde parece coronara en otro momento su victoria cabe el hombre –su hombre-, es también el símbolo de su posible derrota, en tanto y en cuanto el hombre no sea capaz de ayudarla a dejar ese estado y a erguirse nuevamente. Por otro lado, está la cama o el lecho fuera de la casa: lugar de derrota de la mujer, que rompe el orden debido (Janet Leigh en la cama de hotel en *Psicosis*; Kim Novak en la cama del departamento de Scottie en *Vértigo*; Eva Marie Saint en el compartimiento del tren la primera vez en *North by Northwest*). Decía Georg Simmel que la mujer "vierte sus procesos íntimos en la exterioridad más inmediatamente que el hombre; lo que explica esa mayor cohesión entre el cuerpo y el alma femeninos que hace que las alteraciones del alma se traduzcan en alteraciones del cuerpo más fácilmente en la mujer que en el hombre" (*Cultura femenina*). Esto es algo que se evidencia perfectamente en un film como *La Malvada* (All about Eve, 1950, de Mankiewicz), donde las tres protagonistas (Bette Davis, Anne Baxter, Celeste Holm) son mostradas en un momento por el director pasando por una gran crisis en la cama (significativamente y en relación a las características de cada una: la primera en una cama de un decorado teatral; la segunda en una cama de un hotel; la tercera en la cama de su hogar). Agreguemos al pasar, que en el cine de Hitchcock para los hombres las mujeres son arquetipos (positivos o negativos), imágenes que se hacen ellos mismos, a partir de lo cual llegan los equívocos o errores. El proceso por el que ha de atravesar el protagonista incluye desviarse en la medida de lo posible de esa imagen arquetípica para acercarse a la mujer real, con todas sus complicaciones incluidas, pero una mujer más verdadera que la que en principio él creyó conocer.

HITCHCOCK Y LA IRRITACIÓN DE LOS PROGRESISTAS

El coleccionista es alguien que, por su misma naturaleza, se supedita voluntariamente a la excitante y ostentosa seducción del número. Su placer se cifra no en la acumulación de sabiduría, sino de cosas que deben multiplicarse indefinidamente, en tanto su deseo de tener nunca se sacia, sino que crece con cada nueva pieza que incorpora a su colección.

El principio que impele a recolectar cosas es el mismo, ya sea que se junte latas de cerveza, boletos capicúa, discos de Elvis Presley, libros antiguos o películas raras. La cantidad suple ante la mirada movediza del recolector el esfuerzo que un saber invisible demanda; así también la paz que el verdadero saber proporciona.

La especialización del coleccionista engaña al portador con la ilusión de que la información estadística trae como natural consecuencia el conocimiento cabal de aquello que se tiene entre manos. Acostumbrado a conformarse con lo exterior como única realidad posible, el coleccionista es incapaz de penetrar la interioridad de lo que sólo puede ver con los ojos. Es dueño, pero no posee.

Para él el mundo es una mera acumulación: de cosas, de

comida, de bebida, de viajes, de personas, de placeres, de dinero. Por eso le importa vivir muchos años, sin saber para qué.

El coleccionista es, en virtud de su mirada extensa y superficial, un progresista.

O bien, el progresista es todo un coleccionista de cosas que en sus blandas manos nada valen más allá del placer proporcionado a su dueño en la confirmación de su status.

Entre esa profusión de cosas adheridas también hay cosas que no se ven, pero que sirven de apoyatura para esa vida hecha de multitudes. Nos referimos a prejuicios, slogans, "mitos" sobre la historia moderna, leyendas negras, sentimentalismo, snobismo, etc.

Esa colección de opiniones acumuladas, junto a la indudable seguridad brindada por una estantería llena de mercancías que nadie más tiene, llevan al almacenero de latas de celuloide a pensar que su opinión tiene que ser por fuerza valiosa. Tiene ese derecho, se dice a sí mismo.

Luego, el dueño de películas en conserva organiza exhibiciones, lo cual lo lleva a exponer, a escribir, a presentar lo que, indudablemente, él conoce.

Conoce desde el umbral, desde luego, como el tendero que manosea las latas de duraznos sobre el mostrador de su opulento almacén.

El problema viene cuando el almacenero no se conforma con vendernos el paquete de yerba o la botella de vino, por los cuales le damos las gracias, sino que, sin conocer de lo que vende más que la etiqueta, y no el sabor, pretende sin recato aleccionarnos con sus opiniones sobre lo que nos llevamos, sólo porque tiene las estanterías llenas y se dedica a eso.

Definitivamente, poseer un almacén no lo convierte a uno en nutricionista.

Así ocurre en el canal de televisión estatal de Argentina, donde en un ciclo de cine de trasnoche (a continuación de un programa "cómico" donde se ha llegado a blasfemar escandalosamente), son exhibidas películas, muchas veces insólitas, por parte de un par de grandes coleccionistas de films (cuando decimos grandes hablamos de la abundancia o extensión de lo recolectado, por lo que podemos colegir de su muestrario), llamados ellos Peña y Manes.

Desde luego, allí reposan la Biblia junto al calefón, Drácula y Griffith, Eisenstein y Hitler, el erotismo y la religión, los unos y los otros, como corresponde a la mentalidad liberal democrática. Su utilidad para el estudioso del cine es indudable; los peligros para el lego en la materia, considerables. Eso si tenemos a la moral como una cosa objetiva y estable, y no como algo relativo y progresivo, algo destinado a favorecer la autocomplacencia ideológica de los bien acomodados "progres". Pero, y aquí está la infaltable letra chica debajo de los excipientes, la aportación de los presentadores no se limita a expedir el film con la correspondiente ficha técnica/artística y las referencias argumentales o anecdóticas sobre la realización. Ni tampoco se llega a la necesaria prevención o marco de referencia donde podamos vernos sobre aviso. Sí, en todo caso, intuimos el escándalo por los comentarios risueños y desmañados hasta la procacidad, evidentemente espontáneos, de los conductores para el copete de cada película. La presencia en más de una ocasión de la blasfema, vil, horrible y estúpida revista "Barcelona" sobre la mesa donde los coleccionistas apoyan los codos, no hace sino confirmar la insana progenie en la que aceptan ubicarse. Es una triste comprobación que no puede satisfacer a quien desea el bien del prójimo, pero es una constatación que debe hacerse para entender desde qué lugar se emiten aberrantes e infundadas opiniones.

Noches pasadas, v.gr., al comenzar un ciclo semanal de películas, se anunció con una mezcla turbia de desgano y desprecio que la semana estaría dedicada a Hitchcock. Entre la incomodidad notoria de un conductor que afirma sin asidero que los seguidores de Hitchcock son tales porque no conocen otro cine - y entre el otro cine a la par o superior no se avergüenza de mencionar a los inexistentes Richard Fleisher (sic) o Michael Powell (sic)-, y por otro lado las risotadas de un majadero al comentar la forma horrible en que se suicidó la actriz que protagoniza el film de esa noche; entre burlas impiadosas y rencores insufribles, entre chistes de mal gusto y ofensivos comentarios, se presenta un ciclo de Alfred Hitchcock.

Por supuesto, no saben estos progres a qué se debe su molestia frente a un cine superior y, además de divertido, para quien quiera y pueda apreciarlo y entenderlo, conmovedor. Uno de ellos ha manifestado que lo que le molesta de Hitchcock es que es un "manipulador".

Meteco en el mundo del cine, no se da cuenta el coleccionista que una de las tareas del director de cine es, precisamente, la manipulación. Manipula el tiempo y el espacio, manipula los actores y los objetos, y mediante esto obtiene un efecto sobre el espectador. ¿Cómo define nuestro diccionario "manipular"? "1. Operar con las manos, o con cualquier instrumento, especialmente ciertas sustancias para obtener un resultado: manipular productos químicos. 2. Fig. y fam. Gobernar los asuntos propios y ajenos. 3. Fig.

Intervenir de forma poco escrupulosa en la política, la sociedad, etc., para servir intereses propios o ajenos".

Sospechamos que el programador de festivales de cine se refiere en su encono a la tercera definición, por lo que Hitchcock querría dirigir malévolamente su pensamiento, coartando de esa manera su sacrosanta libertad. Nos parecen al respecto muy apropiadas las palabras de Richard M. Weaver cuando, al referirse al jazz, indica que *"gracias a su dilución de la forma, permite que el hombre se mueva libremente, sin referencias, y que pueda expresar ditirámbicamente cualquier cosa que extraiga de abajo"*[70]. En efecto, la contracción dentro de unos límites perfectamente autoimpuestos, hace que dentro del rigor de la forma Hitchcock impida al progresista ir para el lado que se le ocurra. A Hitchcock hay que seguirlo, y seguirlo además implica aceptar su punto de vista y su moral, que son absolutamente claros y reconocibles, pero que además se desprenden no de una imposición exterior y por encima de la obra, sino que se extrae desde la propia inclusión del espectador a partir de la puesta en escena de la película. Y esto es algo que aquellos que están atrapados en una idea anárquica de la libertad, son reacios a aceptar. Aquel para quien la libertad no tiene medida (para quien sólo es "librarse de algo", como bien dice el autor citado) es incapaz de aceptar una mirada católica –y, por lo tanto, absoluta- sobre la misma. El progresista no cree en el libre albedrío, sino en el libertinaje.

Pero también Weaver nos acerca la clave de porqué el cine de Hitchcock tiene éxito entre el público, algo sin dudas molesto para muchos, como el presentador que nos ocupa:

"Toda cultura evolucionada es una determinada mirada

---

[70] *Las ideas tienen consecuencias*, Ciudadela, 2008.

que proyecta sobre el mundo un conjunto de símbolos, que son los que permiten dotar de significado a los hechos empíricos y a los hombres sentir que sus vidas se inscriben en un drama en el que cada nueva peripecia requiere su interés y aguza su tono vital. Ésta es la razón por la que toda cultura auténtica, a través de su encaje en el mundo, no puede conformarse con el cultivo de sentimientos únicamente "sentimentales". Es preciso que disponga de criterios de elucidación, ordenación y jerarquización, y que a ellos apele a la hora de ejercitar la razón. (...) La meta más importante a alcanzar consiste precisamente en esa plasmación imaginativa de lo que de otro modo quedaría condenado a no ser más que hecho empírico en estado bruto, simple donnée del mundo. La facultad racional, así, debe ser puesta al servicio de una visión capaz de proteger a los sentimientos de la sentimentalidad. Como con cualquier obra trágica, el sonido y la furia que acompaña la vida del hombre carece de sentido, a menos que todo lo que la constituye sea un acto de afirmación de algo. Y tanto del teatro como de la vida puede decirse que la acción desarrollada ha de manifestarse en un ámbito ceñido a la razón, si a lo que se aspira es a que los sentimientos que nos inspiran sean motivados y equilibrados, lo que, desde otro ángulo, equivale a decir que sean justos. El ser filosóficamente ignorante contamina sus propias acciones por su incapacidad para respetar la medida de las cosas" [71]

El cine de Hitchcock respeta, con su recurso al simbolismo, la jerarquización y el orden, el anhelo profundo del hombre dotado de sentido común, de elaborar en sí mismo una cultura propia y significativa, que es proyectada luego sobre la vida. Los hombres que no se asombran del orden,

---

[71] R. Weaver, Ob. Cit.

sino del caos, oscurecidos por la cultura ideologizada de nuestros tiempos, sienten frente a esta visión del mundo una demanda que no están dispuestos a aceptar, porque en definitiva les exige salir de su muy confortable abandono. Surgen entonces en éstos los *desmanes*, o el *despeñarse* cabeza abajo turbulentamente.

Si el lector recuerda uno de los últimos opus de William Wyler, llamado "El coleccionista", podrá comprender mejor que la sola adquisición o secuestro forzado no bastan para poseer lo que se desea. Se debe empezar por el amor, pues *"allí donde el amor no tiene ningún sitio, nada hay de verdadero, ni de bello, ni de fecundo: la ausencia del amor es el carácter de la crítica negativa"*[72].

---

[72] Ernest Hello.

HITCHCOCK Y LA IRRITACIÓN DE LOS PROGRESISTAS II

No es nuevo el desprecio con que los progresistas suelen referirse a Alfred Hitchcock. Ya hemos analizado aquí un aspecto de ese desdén no exento de envidia y, sobre todo, reproche por no mostrarse complaciente con el *contenidismo* o el "intelectualismo" mensajero que los progres pretenden imponerle al cine. La misma figura de Hitchcock les repele porque ven en él encarnada la idea del orden, la jerarquía, la construcción deliberada y el control imaginativo. Ya cuando en 1957 Rohmer y Chabrol publicaron su libro, fueron vituperados por aquellos que acusaban a Hitchcock de hacer un "cine aburrido" (sic), o pasatista, o de arrastrar a la juventud hacia una "cultura neonazi" (resic). Claro: los críticos franceses que defendían a Hitchcock hablaban de metafísica, culpa, pecado, moral y otras cuestiones nada simpáticas para los progres, que vinculan de inmediato todo ello a "represión medieval", "jesuitismo", etcétera. En fin, toda clase de gansadas –muchas veces a favor- se han dicho, pero creemos que ninguna tan torpe e idiota como la que sale a decir ahora la más "prestigiosa" actriz argentina, Norma Aleandro.

La oscarizada y progresista actriz afirma en una entrevista ("La profesión más vieja no es la prostitución...", Diario Perfil, sábado 12 de marzo de 2011) que "Hitchcock no sabía dirigir a actores". Y agrega: "Pero en otra época me hubiera gustado ser actriz en Inglaterra".

No bastaba con tener que aguantar, en este pobre país, las sandeces que lanza enfáticamente al aire Cristina viuda de Kirchner, para ahora tener que soportar tamaña insolencia de esta sin vergüenza (Castellani llamaba a las actrices de peor manera, equiparando a la actuación con la "profesión más vieja del mundo", con las excepciones del caso, desde luego, aunque es difícil encontrarlas en la Argentina, visto el retrato veraz que hace el último lamentable Francis Cóppola en su tétrico *Tetro*). ¡Y esto dicho por parte de una actriz que en Inglaterra no hubiese actuado ni de mucama, con perdón de las mucamas! Pero ocurre que los actores (de cualquier género que sea) portan en su propia condición un ego gigantesco, al cual nunca Hitchcock se prestó a "masajear" o secundar. En el cine el protagonismo le corresponde al director, autor de la obra con el cual colabora todo el resto del equipo, cosa que sólo los actores muy inteligentes son capaces de entender. Por supuesto que por una simple cuestión de cholulismo, los actores argentinos son capaces de hacer el último papel para cuanto director extranjero arribe a estas tierras. Pero, tratándose de un prócer del cine, nada asimilable a las corrientes del adormecedor e "intelectual" cine europeo, cualquier gansada puede expulsarse por la boca.

Preferimos dejar al lector con los testimonios de algunos grandes actores del cine que tuvieron la oportunidad de trabajar con el maestro del cine:

Joan Fontaine ("Rebecca", "Suspicion"):

"Hitchcock tenía un gran sentido visual, y sabía actuar.

Se ha dicho que no era un buen director de actores, aunque yo aprendí mucho de él".

Laurence Olivier ("Rebecca"):

"Por lo que a Hitchcock se refiere, la experiencia fue muy deleitable. No recuerdo que me diera muchas pautas. Tan solo cosas sencillas, como "no farfulle". Y no le faltaba razón".

Ingrid Bergman ("Notorious", "Spellbound", "Under Capricorn"):

"Era un director fantástico, tan comprensivo. Había actores que decían que no era un buen director de actores, pero se equivocaban".

John Gielgud ("El agente secreto"):

"Disfruté mucho trabajando con Hitchcock. Era un tipo muy bromista. Hoy por hoy, adoro la película, y me considero un privilegiado por haber tenido la oportunidad de aparecer en ella".

Henry Fonda ("El hombre equivocado").

"Hitchcock tenía un toque sutil. No decía gran cosa, pero yo sentía el papel, y la expresión de sus ojos me indicaba que estaba satisfecho con mi trabajo. Huelga decir que como director sabía perfectamente lo que quería."

"Alfred Hitchcock siempre se comportaba como un perfecto caballero. Me habría encantado hacer alguna película más con él, haberle conocido mejor, pero nuestros caminos no volvieron a cruzarse".

Janet Leigh ("Psicosis"):

"Era gratificante y nos entendíamos bien. Sabía que él apreciaba nuestro trabajo y nosotros éramos conscientes de lo que él hacía. Conocíamos las reglas. Nos ateníamos a ellas sin discutirlas, porque tenían sentido".

Joseph Cotten ("La sobra de una duda"):

"No había ningún otro director con el que fuera tan fácil trabajar".

Teresa Wright ("La sombra de una duda"):

"Veía completamente el film en su mente antes de que empezáramos...era como si tuviera una pequeña sala de proyecciones en su cabeza. Cuando me contó por primera vez la historia fue en su oficina, en junio de 1942, pero hubiéramos podido estar sentados en un cine viendo la película terminada. De modo que durante el rodaje nos hizo sentir a todos muy relajados. Su dirección nunca llegaba a través de instrucciones. Sentíamos que podíamos confiar en él, y él nos guiaba proporcionándonos una sensación de libertad. Estaba muy tranquilo, como si simplemente estuviéramos contribuyendo a algo que él había visto ya completamente terminado. Nadie planea un film tan completamente como él lo hacía, y nadie lo veía tan claramente

como él desde un principio. Otros directores normalmente dejan que las cosas vayan desarrollándose a medida que ruedan, pero con él todo podía ser más sereno, y podíamos disfrutarlo incluso."

"Utilizaba el sonido como ninguna otra persona a la que haya conocido. Si algún otro director le pedía a un actor que depositara una taza de té, quería decir simplemente eso. Pero con Hitch esto se hacía por una razón muy determinada. Si un actor tamborileaba con sus dedos no se trataba solamente de un tamborileo ocioso, sino que había un ritmo, un esquema musical en ello…era como un estribillo. Ya fuera alguien caminando o estrujando un papel o rasgando un sobre o silbando, ya fuera el canto de unos pájaros o un sonido exterior, era algo cuidadosamente orquestado por él."

¿FUE ALFRED HITCHCOCK UN PROPAGADOR DE FALSEDADES HISTÓRICAS?

Hemos leído recientemente una entrevista al centenario y cuestionado Erick Priebke, ex oficial alemán durante la Segunda Guerra mundial, que murió hace poco tiempo en medio de una gran controversia y el previsible escándalo mediático. Allí entre otras cosas dijo lo siguiente:

P – Pero entonces algunas pruebas concluyentes, como imágenes de vídeo y fotografías de los campos de concentración, ¿cómo se explican?

R. Esas filmaciones son una prueba más de la falsificación: Vienen casi todas de los campos de Belsen. Era un campamento donde las autoridades alemanas enviaron, procedentes de otros campos, a prisioneros que no podían trabajar. También había dentro una sala de convalecientes. Eso por sí solo dice mucho de la "intención asesina" de los alemanes. Parece extraño que en tiempo de guerra se hubiera puesto en marcha una estructura para hospedar a aquellos a quienes supuestamente se iba a gasear. Los bombardeos aliados de 1945 dejaron el campo sin agua, alimentos y medicinas. Se extendió una epidemia de tifus que causó miles de enfermos y muertos. Esas filmaciones se remontan a aquellos hechos, cuando el campo de refugiados de Bergen Belsen fue devastado por la epidemia, en abril de 1945, cuando se encontraba ya en manos de los alia-

dos. <u>Las filmaciones se realizaron con fines de propaganda por el director británico Hitchcock, el maestro del horror.</u> Es alucinante el cinismo, la falta de sentido de la humanidad con la que aún hoy se especula con esas imágenes. Proyectado por años en las pantallas de televisión, con angustiosa música de fondo, se engañó a la opinión pública asociando con despiadada astucia esas terribles escenas a las cámaras de gas, con las que no tenían nada que ver. ¡Una farsa!

P. El motivo de difundir esas, según usted, falsedades ¿sería encubrir los propios crímenes, los de los vencedores?

R – Al principio fue así. Un guión igual a Nüremberg fue inventado en Japón con el Juicio de Tokio. Para criminalizar a los japoneses que habían sufrido la bomba atómica se inventaron acusaciones de canibalismo.

Dejando de lado la manipulación y falsificación con que los aliados se aprovecharon de las imágenes de los campos, vamos a centrarnos en el párrafo subrayado. Circula en Internet una película llamada "Memoria de los campos" que se le atribuye como director a Alfred Hitchcock, lo cual es absolutamente falso. El nombre original de la película, un montaje de diversas imágenes de atrocidades en los campos de reclusión tomadas por ingleses, norteamericanos y soviéticos, era *German Concentration Camps Factual Survey* y nunca fue exhibida, hasta cuarenta años después de su realización.

La película en sí tiene como responsable director a Sidney Bernstein, un productor inglés vinculado a Hitchcock desde sus tiempos en el cine inglés. Hitchcock fue uno de varios realizadores británicos que, llamados a contribuir a la campaña de su país (se hacía muy difícil no hacerlo debido al grado de propaganda o presión que había sobre los artistas, pilares en este tipo de situaciones), colaboraron en esta película. Recordemos que Hitchcock había filmado previamente dos cortometrajes bastante mediocres con un grupo de franceses, y luego fue llamado para colaborar por el productor Sidney Bernstein, cercano al director y con quien luego tendría una productora que filmaría dos películas, una de ellas la excelente *La soga*. Bernstein recibió imágenes tomadas en los campos –especialmente Belsen- y según algunos Hitchcock colaboró asesorando en el montaje de las imágenes, según otros habría dado su opinión sobre el tratamiento previo al guión. Lo cierto es que figura como "treatment advisor", un consejero o asesor de la historia a relatar. La película no se exhibió nunca sino hasta 1985, donde se le agregó un relato en la voz del actor Trevor Howard (el abad sin fe de "Catholics").

Es evidente que en aquel entonces las imágenes obtenidas en los campos, sin un claro discernimiento informativo, con su fuerte carga emotiva, llevaban, especialmente a los ingleses participantes, a creer a pie juntillas cualquier relato que se les suministrara acerca de las mismas. Si hasta los mismos alemanes habían empezado a creer el relato de los horrores que sólo ellos habrían cometido. En esto Hitchcock fue uno más de los que carecían de la información correcta. El revisionismo tardaría muchos años en llegar. Es indudable que había negligencia de su parte, aunque no podía esperarse otra cosa de alguien residente en Hollywood y dedicado a la industria del cine. Esto es comprensible.

Pero una cosa es participar escasamente en una película documental en un momento donde no se hablaba del famoso "Holocausto", y otra cosa convertir ahora a aquel director en el responsable principal de un film que recién en los últimos años se usó como elemento de propaganda. Priebke lo llama "el maestro del horror" cuando en realidad a Hitchcock se lo conocía como "el maestro del suspenso", de hecho hizo sólo una película de horror (que no horrorosa), *Psicosis*, en 1960. Pero más allá de las consideraciones históricas que no vamos aquí a tratar, creemos que debe dejarse en claro que la atribución de la dirección de dicho film de propaganda a Alfred Hitchcock es una falsificación o una exageración cuyo propósito indudable es darle mayor entidad a dicho film. Recordemos que los films que hizo Hitchcock con tema vinculado indirectamente a la Segunda Guerra, no deja bien parados ni a alemanes pero tampoco demasiado a los norteamericanos. Hitchcock no era un propagandista, si bien se tragó el relato oficial de la guerra, muy comprensiblemente, como todo el mundo en aquella usina de propaganda en que se convirtió Hollywood por aquellos años.

MICRO CRÍTICAS

THE RING (1927)

Desde muy joven Hitchcock supo que "lo que entra por el oído hace en los ánimos una impresión menos viva que lo que ven los ojos, fieles testigos nuestros, y conocemos así por nosotros mismos", como dijo Horacio en su "Arte Poética". Eso que entra por el oído equivalía en el cine mudo –como lo es este film- a la inclusión de intertítulos explicativos o dialogados. Las imágenes, por otro lado, al recoger y combinar mediante el montaje diferentes objetos identificatorios de los personajes (como atributos de los mismos), sirven no sólo para elaborar un lenguaje fluido, sino para que el espectador coopere y construya la obra con el autor, al devenir el objeto de índice en símbolo. Eso que tan patente queda en el cine mudo, y de manera más sutil se observa en los films sonoros de Hitchcock y otros maestros, eso, decimos, es lo que nos ha legado el cine clásico, algo que hoy ya nadie continúa, con esta mórbida efusión de los efectos digitales y el no tener nada que decir, excepto bramidos de una desesperación imbécil. Una situación culpable, porque no faltan los maestros de los cuales aprender. Pero es que el desorden ya se ha hecho dueño de la situación. Por eso, contentémonos con la frecuentación de los clásicos, vestigios de cuando el hombre todavía sabía distinguir el bien del mal.

LA SOMBRA DE UNA DUDA (1943)

Hitchcock es no solo un "entretenedor", sino, por sobre todo, un "desengañador". Mientras el tío Charly es velado con la misma pomposidad elegíaca de los necios y los ignorantes que en ceremonioso desfile se arremolinaron en el funeral de Néstor Kirchner, afuera tres personas, la sobrina, el detective y el espectador de la película, conocen la verdad.

Poder compartir la verdad con alguien es un gran consuelo.

"La sombra de una duda" es una de las mejores películas de Hitchcock, es decir, del cine.

LA SOGA (1948)

En "Rope", Hitchcock -el anti-Pelagio del cine- muestra magistralmente a qué extremos llega el hombre cuando se glorifica a sí mismo para terminar haciéndose como un dios. Le basta una idea central, clara, que proporciona un conflicto que *debe ser mostrado* para, luego de esa "victoria" inicial de la soberbia, mostrar cómo por sí misma termina desmoronándose ante la presencia de la razón unida a la moral (el personaje de James Stewart). Y un personaje el de Stewart que logra conocer el mal porque él mismo entendió desde dentro de sí mismo que no le era ajeno, como el sublime final nos lo confirma sin necesidad de discursos.

"La soga" (también conocida como "Festín diabólico") muestra una "misa negra" realizada para glorificar al Hombre (superior): hay allí "altar", una víctima (ofrecida a sí mismos, hombres superiores que deciden como Dios quién vive y quién no), una reliquia (el propio cuerpo de la víctima), manteles, velas, comida, vino, sangre, libros, oficiantes (es un ritual concelebrado), acólito, feligreses, música, flores. Desde luego, falta el crucifijo. No es necesario para estos enajenados de *niesztcheanismo*. Su moral no se condice con la moral de los "esclavos".

Pero al fin todo es desmontado y la verdad debe ser conocida, en particular por aquel que, con la difusión irresponsable de tales ideas, dio lugar a los actos criminales de sus discípulos: es Rupert (un genial James Stewart) quien debe tirar los libros (que estaban sobre el baúl) y descubrir las consecuencias de sus aparentemente inocuas exposiciones intelectuales. Por ello se cierra la historia con un triángulo invertido que lo tiene a él en el vértice, y por eso dispara tres tiros al aire.

Podemos concluir recordando el título de un libro de Richard M. Weaver: "Las ideas tienen consecuencias". Y el cine es capaz de mostrárnoslo cuando se utilizan sus recursos con maestría y el simbolismo plenamente asumido por quien hemos denominado –contradiciendo a un pseudomaestro- el genio del cristianismo.

EXTRAÑOS EN UN TREN (1950)

Un periodista (no hace falta decir que "progre", pues puede decirse que ser periodista y ser "progre" son sinónimos en estos tiempos) escribió hace muchos años acerca de Hitchcock, al referirse a "*La ventana indiscreta*": "*El héroe descubre un asesinato mediante la censurable acción de espiar, y sólo porque es en sí mismo un asesino potencial, típico dilema de la moral hitchcockiana*". No, señor periodista, no. No se trata de la "moral hitchcockiana", eso que usted tan bien ha sabido ver. Se trata de la moral católica ("*Cualquiera que odia a su hermano, es un homicida*", I Jn. III), esa moral que usted no ha sido capaz de ver y que debería aplicarse antes de escribir, porque con la pluma también se puede incitar un asesinato, como el mismo Hitchcock demostró en su magistral "*La soga*". Es la moral católica (o cristiana, si prefiere) que le permitió a Nicolás Berdiaev (pensador ruso que no había visto "*Extraños en un tren*", se lo aseguro: falleció dos años antes de que ésta se filmara), lo siguiente: "*El pensamiento secreto y subconsciente que aflora apenas a la superficie y por el cual, deseamos la muerte de nuestro prójimo representa ya un homicidio espiritual y el hombre es responsable de él*". No otra cosa que este resumen transmite a grandes rasgos lo que Hitchcock nos muestra en esta gran película. Pero si todavía hablamos de ella es porque Hitchcock sabía *cómo mostrarlo*.

El tema del doble y el número dos; la construcción de la fábula mediante esferas y rectas; el círculo como símbolo de la locura; entre otros detalles significantes, llevarían mucho tiempo de estudio y análisis. Deseamos que el lector de estas líneas tenga el tiempo necesario para hacerlo, pues de tal forma su experiencia estética será más exhaustiva, comprensiva, profunda, y, por lo tanto, tendrá un mejor acceso al pensamiento moral, y en definitiva religioso, con el cual comenzamos esta breve reseña crítica.

THE TROUBLE WITH HARRY (1955)

El problema con esta película es que resulta desconcertante, hasta que se comprende que es exactamente el reverso de "La soga". La clave de su interpretación se halla de dos maneras. En primer lugar, al comprender que es como "La soga" pero dada vuelta, "La soga" con humor, podría decirse, un humor muy negro e inglés, diríase macabro, detrás del cual se esconde la mirada de Hitchcock sobre el mundo. La segunda llave de interpretación se encuentra en la mirada sobre el mundo de los personajes, que está graficada en las pinturas abstractas que realiza el pintor de la película.

Si en "La Soga" hay un cadáver oculto (pero omnipresente) que casi todos ignoran, acá hay un cadáver a la vista (pero omnipresente) al que todos ignoran. En ambas, los personajes tienen sus culpas, más allá de los asesinos. Ese cuerpo muerto que todos desean esconder representa para todos ellos la realidad que emerge en medio de la placidez de sus vidas para recordarles su condición de criaturas caídas. A diferencia de "La soga", donde los protagonistas son los asesinos y la culpa los corroe y acorrala, aquí los que en "La soga" eran los secundarios, devienen protagonistas, y como aquellos, viven sumergidos en sus anodinas vidas, ignorando la realidad, que finalmente no pueden terminar de enterrar.

Los personajes de "Harry", decíamos, miran al mundo como el pintor de cuadros abstractos, por eso cuando aparece una realidad concreta –la realidad del pecado- en la figura de Harry, todo se les complica (véase además que el retrato de Harry es el único cuadro no abstracto que pinta Sam: están obligados a ver de otra manera). Y si es cierto que nadie lo mató, todos podrían haberlo hecho, hasta el niño que lleva en sí los rastros del pecado original, y por eso anda con su arma de juguete por todas partes.

Pero también, allí está la irrealidad de la mentalidad protestante aposentada en aquel lugar. Resulta significativo que el "malo" de la película, Calvin Wiggs (¿acaso Calvin por Calvino?) no sea un malo habitual de Hitchcock, sino un tipo muy desagradable. A lo que debe sumarse la idea de la pre-destinación que menciona el pintor Sam al Capitán Wiles, quien le responde que no le preocupa el cielo pues no deberá enfrentar su juicio, además de que no tiene conciencia. Lo que se verá de alguna forma desmentido en los hechos. Hitchcock retrata un ambiente protestante, cerrado en sí mismo, mediocre, pueril, despreocupado de las consecuencias de sus actos, aunque temeroso de la ley de aquí abajo. En definitiva, todos quieren enterrar la culpa, representada por Harry, pero, como dijimos, eso no es posible (en "La soga" se des-ocultaba finalmente: recordemos además que en "La soga" Stewart al final dispara tres tiros; aquí el Capitán también dispara con su escopeta tres tiros, de hecho, en español se conoce también a esta película como "El tercer tiro").

Desde luego que resulta desconcertante para el que ve el cine de Hitchcock esta película, mas no para quien conoce sus programas de TV. El suyo es un humor disparatado pero sobrio, como en voz baja. ¿Pero acaso la Srta. Gravely invitando al Capitán Wiles a tomar una taza de café a su casa, teniendo a sus pies un cadáver, no recuerda el sketch de "El Chavo" cuando Doña Florinda invita al Profesor Jirafales a tomar una tacita de café a su casa, teniendo a su dañado hijo Quico tirado a sus pies, indiferentes a todo lo que ocurre a su alrededor? Es el mismo principio en diferentes entonaciones. ¿O el contraste que se revela cuando el Capitán y Sam hablan de enamorarse, mientras entierran un cadáver, no revela humorística y magistralmente la naturaleza humana? El problema con Hitchcock en esta película es que puede resultar demasiado pesimista para algunos en su mirada sobre los hombres, y desconcierta el que se vierta esa mirada sobre unos personajes nada oscuros y en un bello paisaje bucólico. Pero es que su mirada veía dentro de las cosas y, en el fondo, con una indulgencia que hasta a sí mismo se aplicaba, la oscuridad de la culpa del hombre se ve matizada por el humor y la simpatía hacia sus personajes, condenados antes por su filosofía que por su mirada de artista.

COLAPSO (Breakdown)
Alfred Hitchcock Presenta, T.V. (1955)

"Perder el tiempo es la frase más odiosa para un americano que se respete, y esa obsesión de actividad cubre todas las facetas de la vida, y aun de la muerte (el cadáver está el mínimo de tiempo necesario para que alguien le rinda respetos, y es rápidamente entregado a la tierra o al crematorio). Nadie pierde el tiempo en este país (...) Perder el tiempo es todo lo que no sea llenarlo de forma práctica y material. No hace falta que ese relleno sea útil a la sociedad o moral o justo. Basta que evite el vacío a que el americano teme más que nada, un momento vacío en que meditar, gozar, o sencillamente "relax."

(Fernando Díaz-Plaja, "*Los siete pecados capitales en Estados Unidos*").

El protagonista de esta pequeña obra maestra de Alfred Hitchcock (pequeña por su extensión, que no por su enjundia), es un empresario (Joseph Cotten) que llena el perfil del americano típico descripto más arriba: tiene "una tremenda obsesión por el trabajo, reforzado por el sentido religioso de los primeros inmigrantes puritanos, cuáqueros" (ob. cit.). Así el afán de eficiencia y rentabilidad de este impecable sujeto lo vuelve implacable, inmisericorde, despiadado. Y por eso no se permite desligarse de los asuntos de su empresa ni siquiera estando de vacaciones en la costa, donde, acompañado (mejor dicho: asistido) de una secretaria, mantiene comunicación permanente vía telefónica con su oficina en la ciudad.

Así ocurre que de una forma indirecta y fría, a través de una seca ordenanza por teléfono, le comunica a un antiguo empleado de la empresa que prescinde de sus servicios por una cuestión de números. Y cuando el pobre y viejo empleado, un buen empleado, sin encontrar explicaciones satisfactorias de parte de su jefe, sintiéndose avergonzado porque tal vez su hijo, que trabaja también en la empresa, pueda pensar que lo despidieron porque hizo algo malo, llega en su desesperación hasta las lágrimas, allí surgirá la cara más oscura e impiadosa del empresario, cara visible del sistema económico vigente ya no sólo en USA sino en todo el mundo. Pero esa situación dará pie para encontrarnos ante una gran lección moral –e incluso religiosa- que nos dará Alfred Hitchcock. Y lo hará a través de la ironía, en esa intervención de lo inesperado que habrá que reconocer, una vez más, como la Providencia.

"La vida posee cierto elemento de coincidencia fantástica, que la gente acostumbrada a contar sólo con lo prosaico nunca percibe. Como lo expresa muy bien la paradoja de Poe, la prudencia debiera contar siempre con lo imprevisto" (Chesterton, La cruz azul, en *"El candor del Padre Brown"*)

Pues lo imprevisto se le va a aparecer a este hombre acostumbrado a tener el control absoluto de la situación, cuando un accidente de auto (absurdo, si se quiere, como lo son todos, con su carga de tragedia encima) lo vulnere, dejándolo paralizado y obligándolo a pasar un infierno de angustia e indefensión, hasta que una súplica y una lágrima –una lágrima que adquiere todo su sentido vivificador, humano y trascendente- cierren el círculo perfecto de esta magistral obra. Entonces el cine se encarga de mostrarnos esa "coincidencia fantástica" mediante el recurso de la simetría que nos obliga a reflexionar sobre lo visto y lo vivido.

El sentido del humor de Hitchcock —no tan negro como en otros telefilms de este ciclo- y su concentrada dirección, que dota a la película de un consumado realismo hecho de artificios (vean si no el tamaño descomunal de ese volante de auto incluso antes de aplastar el pecho del protagonista; o el chirrido de una camilla que adquiere proporciones catastróficas), hacen de esta obrita, junto a la genial "El jugador" (1961) y probablemente a "El ataúd de cristal" (1959), lo mejor del ciclo "Alfred Hitchcock Presenta", por no decir de todo lo que se haya hecho jamás para la televisión.

PSICOSIS (1960)

"Psicosis" (Psycho, o sea, "Psicópata") es la película más exitosa y más desconocida de Alfred Hitchcock. Obra maestra absoluta que no lo parece a aquellos que sólo son capaces de aplicar su entusiasmo a grandes historias con grandes personajes, grandes diálogos y grandes lecciones de vida. Una peliculita barata, en blanco y negro, sin "estrellas", con una trama macabra, con un crimen brutal, ¿cómo va a ser una obra maestra? Pero lo es porque el que moldea la arcilla es un maestro. "Psycho" es cine en estado puro.

Hitchcock se vale de la pureza del cine para hablar de la

impureza moral y sus consecuencias. Nos lleva a un parque de diversiones, nos introduce en el tren fantasma, y cuando salimos nos damos cuenta que también nos hemos asomado a nuestra propia alma.

Hitchcock podría fácilmente ser tildado de moralista, si no fuera que se disfraza de "mago del suspenso". Su mirada puede ser ardua porque no habla a través de sus personajes, que nunca son arquetipos o modelos, sino a través de la construcción formal de su obra. Dice mostrando, por eso hay que atender al cómo. Hitchcock nos lleva a un parque de diversiones para descubrirnos de pronto la mancha del pecado. Y en esa mancha todos estamos implicados (como lo muestra claramente en, v. gr., "*Stage fright*").

Todos los temas hitchcoquianos están en este film, que anticipa el mundo a partir de los años '60 creando el videoclip -que no otra cosa es la escena de la ducha-, pero dándole un sentido negativo. El videoclip como la visión de un alienado (Norman Bates) y que hoy es el lenguaje establecido para desquiciar a los espectadores de todo el mundo.

"Psicosis" es una de las películas más próximas a la perfección que puedan encontrarse en la historia del cine.

LIBROS SOBRE HITCHCOCK

"Alfred Hitchcock",
por Bill Krohn – Colección Maestros del cine Cahiers du Cinema – Edición española 2010 – 106 páginas.

El cine de Alfred Hitchcock es uno de los más incómodos de analizar para los críticos de cine descentrados, subjetivistas o afectos a hilvanar impresiones que no se saben enmarcar en una forma coherente de ver el mundo, debido a la complejidad de la mirada hitchcockiana, y, por lo tanto, a la dificultad para encontrar evidencias expuestas claramente por Hitchcock para facilitar la dilucidación de lo que viene a ser su visión del mundo.

La complejidad del cine hitchcockiano –no siempre asumiendo hasta las últimas consecuencias, por diferentes motivos, la educación que marcó a fuego su mirada- permite que, sin entender la clave de su posición filosófica, las elucubraciones críticas puedan tornarse hasta opuestas a los postulados esenciales enunciados en sus films.

Entre la fascinación y la atractiva veta comercial, los críticos se lanzan a escribir libros que saben habrán de interesar al cinéfilo, aunque luego no se cumplan las promesas anunciadas en un ejemplar que se propone como una serie de "lecturas exhaustivas pero de fácil comprensión". No hay en este libro "una clave de lectura para comprender la trayectoria profesional de un cineasta destacado", como se afirma en la contratapa del mismo, sino más bien un repaso apurado y nada concluyente sobre la filmografía completa de Hitchcock, en una especie de introducción de "trailers" críticos que, unidos todos, no nos dan una idea o noción de la mirada que Hitchcock despliega a través de toda su obra.

Krohn aporta datos interesantes, recuerda a otros críticos y ofrece una cronología y filmografía útil, pero su propia mirada crítica es un esbozo indeciso y contradictorio que oscila entre el lugar común y la provocación que no llega al fondo de lo insinuado. Su gran defecto –nada nuevo a estas alturas- es no comprender la mirada católica de Hitchcock y, más aún, malinterpretarla. Cuando se trata del tema de la culpa y de la llamada "transferencia de la culpabilidad", Krohn desestima la idea de la "confesión" como apoyo de la imagen del "falso culpable" de una manera confusa, sólo para desechar a la Religión católica como vehículo de solución. La idea de un inocente que paga por un culpable es absolutamente cristiana (la misma se desarrolla, no siempre de forma lograda, en "I confess", "The wrong man" y "Under Capricorn"). Así y todo, no obstante reconocer la posición católica en las películas más explícitas a este respecto, como "Yo confieso" o "El hombre equivocado", el autor del libro, tomándose superficialmente de una cita de Harold Bloom, que considera que el gnosticismo es la religión de los poetas y los artistas, Krohn le concede al crítico Jean Douchet, de manera confusa y sin analizar lo que suscribe, la afirmación de que Hitchcock –a propósito de "La ventana indiscreta"- es un gnóstico, o por lo menos lo es su obra.

"Para los cristianos ortodoxos –dice este crítico- el pecado original nace tras el Génesis, pero el Génesis del cosmos hitchcockiano es contemporáneo al pecado original". ¿Es entonces en Hitchcock el mundo la creación imperfecta de un demiurgo que es emanación de un Dios supremo? No, la ortodoxia de Hitchcock, en este sentido, es palmaria. Su pesimismo no es de naturaleza maniquea. El cosmos que

Hitchcock muestra ya es, ya está hecho, y es el hombre pecador el que lo desordena. Veamos este ejemplo de "La ventana indiscreta": La aparición de la mujer (Grace Kelly) está mostrada como la aparición de Eva del costado de Adán (James Stewart) mientras éste duerme. Pero este "nacimiento" de la mujer tiene en este film una función identificatoria de la misma como Eva, mas no como creación puntual de ese preciso momento. ¿Y esto por qué? Porque allí Adán/Stewart ya ha sufrido la caída (por eso tiene la pierna enyesada), por lo tanto, en la obra de Hitchcock no hay simultaneidad entre la Creación y la caída. Muchos de sus films –como ya lo hemos destacado- empiezan con la caída del hombre, o con el hombre que habiendo ya caído, y por lo tanto cargando sobre sí esa marca del pecado original, debe vivir su vida y atravesar las peripecias sobrellevando esa carga. ¿Da Hitchcock demasiado valor al mal en el mundo? Bueno, sus películas terminan bien, aunque en ese bien está siempre acechando el mal, como ocurre en la realidad, pues no hay felicidad absoluta en la tierra. Además, Hitchcock tenía un buen sentido del humor, a veces oscuro, pero nunca tenebroso ni ofensivo, o por lo menos no al punto de burlarse del espectador. Al revés de lo que pasa ahora. Por eso uno puede ver muchas veces sus películas, en cambio hay otro cine que al espectador sano lo perturba, por más "divertido" que sea. Por si no bastara, el mismo Hitchcock afirmó, en un momento de extrema sinceridad, que el suyo era un cine hecho por un católico. Tal vez esto signifique que haya que ser católico para poder comprenderlo –aún en sus significaciones oblicuas y rebuscadas-, y tal vez por eso Rohmer, que estuvo muy cerca en su advertencia de la "metafísica" del cine hitchcockiano, no pudo llegar al fondo del asunto, mucho menos un agnóstico como Chabrol.

Krohn la emprende luego irónicamente contra lo que califica "familia televisiva" que presenta Hitchcock en "El hombre que sabía demasiado" en su segunda versión, y más tarde realiza una comparación forzada entre "Sólo vivimos una vez" de Lang y "El hombre equivocado" de Hitchcock, no advirtiendo las dificultades de esta última historia como tampoco la ventaja de Hitchcock en relación al mundo opresivo de Lang. Precisamente de la supuesta gran influencia de Lang y De Mille sobre el cine de Hitchcock Krohn hace, según nos parece, afirmaciones rebuscadas y nada decisivas para la comprensión del cine hitchcockiano. Y nuevamente viene a fallar al no comprender la mirada católica de Hitchcock. Probablemente también por eso no comprende -ni busca hacerlo- el problema del mal en su cine, cuestión indispensable para entender la filosofía de toda película.

El libro se compone en un 50% de excelentes fotografías a página completa, lo que puede hacerlo muy atractivo para el público al cual está destinado, ya que las mismas fotos están insertas no en función de apoyar un estudio en particular del gran director, sino para ilustrar una mirada general, lejana, acaso como podría serla desde un avión fumigador sobre una ruta desierta. Pero no exageremos, libros como éste hay a montones.

"Sólo es una película: Alfred Hitchcock: Una biografía personal"
por Charlotte Chandler. Ediciones Robinbook, 2006, 349 págs.

"Un hombre es su espíritu. Narrar la historia de un hombre de letras, evitando citas y referencias a sus obras publicadas, es simplemente no narrarlas".

(Hilaire Belloc)

Acaso en esta biografía se cometa ese error, porque la autora se pasea –benignamente, eso sí- por la exterioridad de la vida de Hitchcock, sin llegar a trazar un puente entre eso que observa y el alma que el director desplegó en su obra.

Una suma de entrevistas cortas con el director (o más bien locuciones ocasionales), innumerables entrevistas a actores y técnicos –un poco a la manera atribulada de "E! Entertainment"- pautan el libro. Muchos de esos comentarios testimoniales, nada rebuscados o llamativos, sin embargo, son interesantes y dicen mucho sobre Hitchcock, el Hitchcock ubicuo, discreto y más pequeño para nosotros. Pero el Hitchcock íntimo, su alma, su grandeza y su miseria, están en mayor medida en dos lugares: en sus obras, por nosotros frecuentadas; y en la intimidad de su hogar, adonde, gracias a Dios, no hemos accedido nunca. Afortunadamente, Hitchcock era un hombre reservado.

Hay dos aspectos que deseo destacar sugeridos por este libro, pero cuya reconstrucción debe hacer el lector interesado, más allá de esta obra.

Primero, la responsabilidad y seriedad de Hitchcock con respecto a su trabajo. Esto se puede ver ya desde el prólogo mismo del libro, donde felizmente se incluye el relato del propio director, en el fondo del cual, bien visto, se conoce la trascendencia que la obra tenía para él, que no para los críticos o biógrafos, aun los más supuestamente "serios". Esta inclusión es meritoria.

Segundo, la importancia que la relación con su esposa Alma Reville tuvo para él, y de qué manera ese hogar – donde la autora del libro sí entró- forjó una intimidad laudable que propició y estimuló el sentido meditativo que ya Hitchcock recibió y cultivó desde su infancia y juventud.

Con respecto a lo primero, le dijo el mismo Hitchcock a la autora: "Si de veras quiere entrevistarme, tendrá que entrevistar a mis películas". A lo que Chandler le contesta: "Ya lo he hecho, y me han revelado muchos de sus secretos, pero no todos". Desconocemos si la autora ha escrito alguna obra sobre el cine de Hitchcock, pero, por lo menos en ésta, no parece conocer sino muy por arriba su cine. No sabemos cuáles "secretos" se le han revelado (a lo mejor algunos del orden culinario). Por lo pronto, ni por asomo en sus entrevistas o indagaciones la autora llega siquiera a interesarse (ya que se trata de una "biografía personal" como se titula la obra) por el catolicismo –o la herencia católica- de Hitchcock, ya sea en su robustez o en su negligencia. Rescatamos este interesante pasaje y el recuerdo familiar de Hitchcock: "Un domingo, el 13 de agosto de 1899, nació Alfred en Leytonstone, un barrio situado en el East End, a las afueras de Londres. Hitchcock me confesó que si su familia recordaba que era domingo era "porque aquel fue uno de los pocos domingos en la vida de mi madre en que no pudo ir a la iglesia". Asimismo, esto que es sabido pero que no llevó a la autora a investigar más allá: "Los Hitchcock eran una familia católica, una minoría en Leytonstone, al igual que en toda Inglaterra. Según palabras de Hitchcock, "el mero hecho de ser católico te convertía en un excéntrico". La ceremonia semanal de la misa del domingo causó una honda impresión en el joven Hitchcock, si bien en su madurez se definiría como un "religioso negligente". Su madre era de ascendencia irlandesa. Su padre descendía de una antigua estirpe de católicos ingleses."

No hay dudas de que Hitchcock también fue un excéntrico en el mundo hollywoodense. Cuando se cumplieron los cien años de su nacimiento –esto se cuenta en el libro-, llamaron a una actriz que participó en una de sus mejores películas, para hacerle hablar mal de él. Como ésta se negó, apenas si la incluyeron dos segundos en el programa televisivo. Significativo.

Con respecto al segundo aspecto, la autora tiene más cuerda y da una impresión de primera mano, al punto de testimoniar al director lavando los platos en su casa, que "era muy, muy sencilla, en modo alguno se parecía a las mansiones de Hollywood". Su casa era un refugio o escape, pero lo era principalmente porque allí estaba su esposa. Por cierto, es conmovedor el relato que Hitchcock hace de su madre, la otra mujer que influyó en su vida: "Mi madre era ama de casa, como suele decirse. Era su carrera, a la que dedicaba todo su tiempo, según lo acostumbrado en aquella época. No recuerdo un solo día en que, al volver a casa, ella no estuviera allí. (…) No era una mujer quejumbrosa. Nunca la oí quejarse. Así como tampoco era chismosa. Nunca la oí hablar mal de alguien. La familia era su única preocupación. No tenía amigas mujeres y rara vez recibía visitas. En aquel tiempo aquello no me parecía raro. Y lo mismo podría decirse de mi esposa. Son mujeres con una vida plena y que no necesitan nada más".

Si al comienzo hicimos mención al porqué de la insatisfacción de esta biografía, destaquemos que, al menos, la autora tiene mejores intenciones que el vacuo y malicioso reincidente biógrafo Spoto, aunque parece que, también, menos luces. En todo caso, el trabajo de armar este rompecabezas llamado Hitchcock le corresponde al lector y espectador. Podrá sacarse algún provecho de todo esto, pero nada sustancial le agrega a lo ya sabido y colegido y entendido en el cine de Hitchcock. Tal vez la benevolente mirada de la autora sume un tiro para el lado de la justicia, sin animarse a atisbar o siquiera a establecer, que un misterio sobrevuela en la vida y obra de todo hombre venido a este mundo. Ese hombre secreto que ninguna biografía es capaz de revelar.

A.M.D.G.